O QUE É PSICANÁLISE

Blucher

O QUE É PSICANÁLISE

para iniciantes ou não...

Fabio Herrmann

O que é psicanálise: para iniciantes ou não...
1ª a 12ª edições: Editora Brasiliense

13 edição: Editora Psiqué

14ª edição – Editora Edgard Blücher Ltda.

2ª reimpressão – 2021

© 2015 Leda Herrmann

Blucher

Rua Pedroso Alvarenga, 1245, 4º andar
04531-934 – São Paulo – SP – Brasil
Tel.: 55 11 3078-5366
contato@blucher.com.br
www.blucher.com.br

Segundo o Novo Acordo Ortográfico, conforme 5. ed. do Vocabulário Ortográfico da Língua Portuguesa, Academia Brasileira de Letras, março de 2009.

É proibida a reprodução total ou parcial por quaisquer meios, sem autorização escrita da Editora.

Todos os direitos reservados pela Editora Edgard Blücher Ltda.

FICHA CATALOGRÁFICA

Herrmann, Fabio

O que é psicanálise: para iniciantes ou não... / Fabio Herrmann. – 14. ed. – São Paulo: Blucher, 2015.

14. ed. revista

ISBN 978-85-212-0931-7

1. Psicanálise I. Título

15-0738   CDD-150.195

Índices para catálogo sistemático:
1. Psicanálise

Conteúdo

Em se Tratando de Psicanálise... 7

1. O Momento da Psicanálise 11

2. O Método da Psicanálise 21

3. O Inconsciente 33

4. O Aparelho Psíquico 47

5. O Desenvolvimento Psicossexual 61

6. A Sexualidade 73

7. Psicopatologia 87

8. A Cura Psicanalítica 101

9. A Psique do Real 109

Em se tratando de Psicanálise...

Este livrinho – como passou a ser carinhosamente chamado pelos colegas e amigos que o utilizavam em suas aulas nos cursos de graduação em Psicologia – experimentou um percurso muito interessante. Foi escrito por Fabio Herrmann em 1983, atendendo ao convite de Caio Graco, que pouco antes criara a coleção Primeiros Passos. Já na 3ª edição, não era difícil prever que o livrinho seria usado no ensino da Psicanálise, como de fato ocorreu em faculdades de Psicologia e de Medicina, nas cadeiras relacionadas à psicologia médica. Afinal era o livro se impondo como facilitador na compreensão da Psicanálise nesses cursos introdutórios e, penso, por sua qualidade de não ser um mero manual e por trazer um pensamento psicanalítico vivo e original. Em contrapartida, o autor, na época da primeira edição, ainda não estava envolvido com o ensino universitário.

Após a morte prematura de Caio Graco, nova aventura se anunciava. O livro esgotara-se, mas continuava a ser indicado por professores. Os alunos usavam fotocópias. Estávamos em fins dos anos 1990, o círculo de influência de Fabio como autor psicanalítico crescera e surgiu a ideia de preparar uma edição revista e ampliada do livrinho, agora em uma edição quase caseira, financiada principalmente pelo autor, sem o número ISBN (*International Standard Book Number*), que identifica o livro internacionalmente.

Complicações editoriais com os previsíveis prejuízos de distribuição à parte, a nova versão de *O Que é Psicanálise. Para iniciantes ou não...*, em sua 13ª edição, não encalhou nas prateleiras, nem comerciais nem domésticas. E até o fim da vida Fabio foi instigado a voltar com o título para o mercado editorial tradicional. Nove anos após sua morte, o momento chegou, com a Editora Blucher atendendo aos muitos apelos que chegavam a mim e aos colegas mais próximos ao pensamento da Teoria dos Campos.

O Que é Psicanálise. Para iniciantes ou não... é um livro psicanalítico, de Psicanálise e sobre Psicanálise, informação que se concentra em seu subtítulo – *Para iniciantes ou não...* É também um livro introdutório à Psicanálise. Da primeira versão para esta, ele beneficiou-se da sistematização que o pensamento psicanalítico do autor – a Teoria dos Campos – adquiriu desde a publicação da primeira versão até a data dessa edição ampliada.

Assim, me parece, tomou a característica de seu subtítulo. Ele apresenta a Psicanálise a quem se inicia em seu estudo e, além disso, apresenta aos já não iniciantes, um pensamento psicanalítico original e nacional, brasileiro. Penso que isso não é um fator complicador para os iniciantes, e talvez vantajoso aos já iniciados por terem certo domínio da Psicanálise, tanto a da criada por Freud como aquela desenvolvida pelos psicanalistas de gerações posteriores.

É claro que essa característica está presente ao longo de todos os seus capítulos. Posso, no entanto, destacar dois capítulos que para mim dirigem-se principalmente aos iniciantes: "O aparelho psíquico" e "O desenvolvimento psicossexual", que apresentam principalmente a construção teórica empreendida por Freud para os primeiros "objetos teóricos" da Psicanálise. Mesmo aí, há uma advertência do autor quanto à própria questão da especificidade da teoria em Psicanálise, uma questão epistemológica a que Fabio se dedicou na construção de sua obra. Assim, por exemplo, no início de "O aparelho psíquico", antes de descrever essa ficção teórica freudiana, Fabio adverte:

> Ao se referir ao aparelho psíquico, Freud escreveu certa vez: "a ficção de um aparelho psíquico". Ele tinha clara a ideia de que o esquema que montara era um modelo, e não um aparelho. Um jogo de armar, mas que jogo! Como ficção é tão bem montada que muitas pessoas jurariam que é a pura verdade. E, em certo sentido, o é.

Trata-se de um aviso ao iniciante para que tenha a cautela de não tomar como descrição de fato aquilo que a teoria especula. Nossas teorias são modelos para pensar a psique, porém, não a descrevem – o que ainda é uma missão impossível.

Outros capítulos são formulações da Teoria dos Campos; novas descobertas psicanalíticas, também podemos dizer. É dessa forma que compreendemos os capítulos: "O momento da psicanálise", "O método da psicanálise", "A sexualidade", e "A psique do real". Outros, ainda, combinam a característica de se dirigir a principiantes ou não. Diria que "O inconsciente", "Psicopatologia" e "A cura psicanalítica" descrevem as elaborações freudianas e de outros autores, ao mesmo tempo em que acrescentam contribuições do pensamento original de Fabio e que às vezes dão o tom do capítulo.

A última consideração, seguindo o dito inglês *last but not least*, ressalta outra qualidade do livro, o estilo de escrita. Fabio é um autor erudito e de difícil compreensão tanto para o leitor comum como para o sofisticado. É um autor que não faz questão de se explicar, pois como pensador está mais interessado em dar à luz da escrita a seus achados e construções no âmbito do conhecimento psicanalítico. Usa uma linguagem mais coloquial, no "estilo de uma história contada a um menino".

Tendo acompanhado o nascimento do pensamento psicanalítico da Teoria dos Campos e na condição de sua herdeira desde julho de 2006, é com grande alegria que saúdo esta nova edição de *O Que é Psicanálise. Para iniciantes ou não...* Agradeço à Editora Blucher pela iniciativa de trilhar o caminho desta aventura editorial que não é nova, mas é agora retomada.

Leda Herrmann

Junho 2015

1. O momento da Psicanálise

Os seres humanos são pessoas muito estranhas e absurdas. Se você já os percebeu, acho que andou a terça parte do caminho para se tornar psicanalista. O segundo terço do caminho consiste em aprender algumas coisas: a teoria, a técnica e o método psicanalíticos, de que vou lhe falar um pouco neste breve livro. Quanto à última e mais difícil etapa, que é a de você mesmo descobrir que é também uma pessoa estranha e absurda, ou seja, que é um ser humano, lamento não poder ajudá-lo a percorrer, pelo menos escrevendo: talvez fosse preciso fazer análise.

Mas, como estava dizendo, as pessoas são estranhas e absurdas. Enquanto outros bichos têm relativamente pouco trabalho em construir sua residência, porque parecem satisfeitos com o mundo que encontram – o que os cientistas chamam de *sistemas ecológicos* –, os homens têm passado seu tempo tentando construir uma casa para si, dedicando a isso um trabalho insano, sem nunca ficarem contentes com o resultado. Criaram instrumentos de osso e de eletricidade; domesticaram as plantas, os primos animais e até seu próprio "pensamento selvagem"; edificaram cidades, sistemas filosóficos, ciência e tecnologia. Fizeram de tudo para ter um mundo sob medida, quer dizer, um mundo na medida humana.

Mas não desprezemos os homens por causa disso. Coitados, eles talvez não tivessem outro jeito de sobreviver! Em primeiro lugar, os bebês humanos nascem e, por longo tempo depois, são muito indefesos, inaptos para a vida, não conseguem comida sozinhos, não sabem se proteger do frio, queimam-se com a própria urina etc. Logo era mesmo necessário viver em grupo, construir abrigo e um sistema social. Por outro lado, os homens divertem-se demais com os próprios pensamentos. São os únicos bichos, ao que se sabe, tão estúpidos que podem ficar imaginando e esquecer-se de comer; e, o que é pior, quando pequeninos e famintos, parece que conseguem ficar sonhando que estão comendo e contentam-se por algum tempo com isso – coisa a que os psicanalistas chamam de satisfação *alucinatória do desejo*. Alguns talvez até morram de fome, sonhando, sonhando. Por fim, enquanto os animais ferozes quase nunca matam os de sua espécie – *inibição da agressividade intraespecífica*, é o nome que os estudiosos do comportamento animal (ou etólogos) dão a essa prova elementar de sensatez –, os homens chegam a gostar de fazê-lo. E se você acha que isso é coisa de selvagens primitivos, que a civilização superou, veja o que diz o Prefácio da peça *Santa Joana*, do escritor irlandês Bernard Shaw: "Não era possível persuadir os nativos das Ilhas Marquesas de que os ingleses não houvessem comido Joana D'Arc. Para quê, perguntavam, alguém se daria ao trabalho de assar um ser humano, não fora por essa razão? Eles não tinham ideia de que isso pudesse ser um prazer..." Para sobreviver, então, ou pelo menos para poderem se escravizar e matar civilizadamente, foi preciso que os homens domesticassem a natureza.

Por que, entretanto, esse trabalho não tem fim nem é considerado satisfatório? Bem, você provavelmente já mudou de casa algumas vezes. De cada vez, a casa era perfeita, não é verdade? Construída sob medida para o desejo de sua família, com tantos quartos, garagens e televisores quantos bastassem para fazê-los felizes. Porém, quando lá iam morar, descobriam que ainda não estavam satisfeitos nem felizes. Mudavam, então, reformavam a casa ou compravam um computador mais poderoso; e, insatisfeitos ainda, tornam a mudar ou instalam um sistema multimídia integrado, com periféricos pela casa toda. Se esta é sua história habitacional, não culpe a si e nem mesmo seus pais: culpe a casa e você estará em harmonia com o resto da humanidade.

É que a casa que construíram, como a grande casa que a humanidade vem construindo para si própria, representa muito bem a realização de seu desejo. Ora, o problema é que nós não desejamos o que queremos, tampouco ficamos satisfeitos de encontrar o que desejamos. Na verdade, nós, humanos, não sabemos bem o que desejamos.

Veja um exemplo. Antes de qualquer coisa, somos aquilo que desejamos ser. É fácil entender, já que *desejo* é o nome daquilo que faz com que a gente pense, faça e seja o que é. Ele parece vir de dentro da alma, mas é criado na vida biológica e social, no *real*, como veremos no último capítulo, de sorte que se pode dizer até que "somos desejados" desta ou daquela maneira. Somos desejados ativos ou entediados, cruéis ou compassivos, apavorados ou distraídos. A humanidade deseja-se como é; e, dizia, constrói-se e constrói o seu mundo de acordo com tal desejo. Só não acredita em absoluto que, de fato, se tenha desejado como é. Assim, tendo transformado o mundo a fim de lhe servir de casa, acha que ainda não está bem-feito, que sobram muitas coisas desumanas a humanizar. O céu é muito alto; o tempo é longo demais; as guerras, muito frequentes. Claro que se o tempo e o espaço são por demais infinitos, é que os homens têm em si uma aspiração em desacordo com seu tamanho e duração de vida. Quanto às guerras, quem as faz?

Numa palavra, ao domesticar o mundo, os homens irritam-se vendo que construíram uma casa que os retrata maravilhosamente bem, que exprime seu desejo, tanto naquilo de que gostam como naquilo que odeiam – criticam esta última parcela de seu desejo como desumana, dizem que não é deles, que é um resto de absurdo a ser dominado.

Por esse motivo, talvez, a construção do mundo humano tenha se ultrapassado. Você já viu alguém fazer uma lição com má vontade, pensando que a quer realmente fazer bem. Aparecem erros a cada linha, manchas de tinta, lapsos de português, e o estudante começa a escrever obsessivamente, errando e corrigindo errado. De forma análoga, a espécie humana adquiriu uma estranha obsessão de domesticar, familiarizar, educar. Se seus pais assim o educaram, você provavelmente será exatamente como eles o desejavam; no entanto, tanto eles como você mesmo terão a impressão de que tudo saiu às avessas, pela simples razão que ambas as partes ignoram o modelo impresso e não o reconhecem no produto acabado. Domesticar significa adaptar-se às normas da casa (que em latim se diz *domus*); familiarizar significa tornar algo familiar, da família. Como os homens se negam a admitir grande parte de seu desejo, quanto mais doméstico e familiar vai ficando o mundo que constroem, mais estranho e desumano lhes parece. Desumano, que calúnia!

Sucedeu, então, que este grande projeto de construir um mundo segundo a medida humana, que é, na origem, o de todas as culturas, acelerou-se subitamente e especializou-se além da conta, vindo a ocupar o mundo inteiro em seguida. Uma das estratégias parece haver dominado todas as outras; e, não tendo contra quem competir, pôs-se a tentar ser mais veloz que a própria sombra. Nem é preciso dizer-lhe que essa maneira dominante é a civilização tecnológica ocidental, que se vale de uma racionalidade exacerbada, de medições e de cálculo, das Ciências Naturais, tendo a Física por modelo, e de uma tecnologia que se desenvolve de forma rápida, justamente para evitar que a gente se pergunte para que serve, ocupados que estamos em absorvê-la. Quanto à sombra, é o que veremos adiante.

Por enquanto, basta observar que o mundo onde vivemos, sobretudo nas grandes cidades, tornou-se tão construído, tão fabricado, que uma crise muito curiosa se desencadeou. As pessoas começaram aos poucos a duvidar de que o lugar onde vivem seja mesmo real. Antes, quando o contato com a natureza era mais estreito, nos velhos e bons tempos em que qualquer criança podia ver, digamos, uma vaca ser ordenhada, a sensação de realidade vinha diretamente desse tipo de experiência natural; podia-se dizer: real como uma pedra ou como uma árvore... De repente, os fatos começaram a vir pelos jornais; depois, pela televisão; depois, pela internet, e você tem de se perguntar, a cada momento, se o que ouve e vê é fato, se é uma interpretação ou se é uma tentativa de enganá-lo. Quer dizer, a realidade começou a perder credibilidade e, no fim do século XX, já nos conformamos a acreditar que toda realidade seja tão somente uma prodigiosa imagem virtual. Alguns até se divertem com isso e ficam felizes em acreditar que, por trás da realidade, não exista nenhuma representação real, mas só imagens ou imposturas. Até que descobrem que nem eles mesmos existem, mas apenas seus disfarces.

As máquinas funcionam hoje quase como gente; as pessoas, quase como máquinas. A cada ação que você pretende executar, fica sempre a dúvida se não está servindo a um propósito que ignora e que talvez ache abominável. Será que a ideia é sua ou foi-lhe implantada pelos noticiários? Se você quer ser original, se quer recusar tudo o que está por aí, acabará provavelmente descobrindo que faz parte de uma indústria da originalidade, usando o uniforme de original que a propaganda impôs a metade do mundo.

Pois bem, a ruptura com a natureza e a industrialização excessiva da nossa vida cotidiana constituem exatamente o êxito completo da construção da casa dos homens. Mas o homem mesmo não se sente à vontade na casa que criou. Esse retrato de si, que vê no seu mundo, parece-lhe absurdo. Ele se pergunta: "Sou assim?". E responde: "Claro que não; ainda falta dominar, organizar e calcular uma derradeira área, a mente humana".

Veja que estranho. A loucura do nosso mundo é simplesmente o resultado direto da maneira pela qual o construímos. Porém, preferimos dizer que essa espécie de sombra, a irracionalidade das relações entre os homens e a irrealidade do mundo cotidiano, é produto de outra coisa, não da razão, mas sim da falta de razão, da loucura. Destarte, lá pelos fins do século XIX fez-se um grande esforço para compreender a loucura, medi-la, dividi-la em tipos e explicá-la cientificamente.

No começo isso não deu muito resultado, apesar de originar uma classificação das doenças mentais que até hoje é bastante útil. Todavia, em matéria de cura, houve pouco avanço naquele tempo. Principalmente a loucura do dia a dia permanecia inexplicável e incurável.

E foi assim que nasceu a Psicanálise. O método científico das Ciências Exatas teve de pedir ajuda a uma espécie de primo pobre: o método interpretativo. Só a interpretação era capaz de abarcar os sonhos, as emoções, a loucura etc. Até aí, tudo bem. Entretanto, ao procurar elucidar a loucura – domínio que se lhe havia concedido –, o método interpretativo acabou tendo de ir longe demais, ao descobrir que aquilo que não parecia ser loucura, a vida comum, não era também muito diferente. As mesmas regras que dão sentido à vida cotidiana aparecem na loucura. A diferença é só esta: o que o cotidiano esconde, a loucura faz questão de mostrar. Este é o sentido de afirmar que o cotidiano esconde a loucura e também de a temermos tanto: ela desenterra as raízes de nossa pacata existência.

Quando Sigmund Freud, o inventor da Psicanálise, descobriu esta embaraçosa verdade, talvez pensasse estar completando o projeto do conhecimento ocidental, levando-o a seu termo, quando, na verdade, já abalara seu mais prezado fundamento: a cuidadosa distinção entre razão e loucura. Posto em movimento, o método interpretativo não se soube deter, nem é bom que se detenha, como veremos no próximo capítulo, que trata do método da Psicanálise.

Tudo se passa como num conto de fadas, quando, depois de chegar ao limite da desventura, a princesa, que se tivera de cobrir de uma pele de burro – como no Conto de Perrault –, recebe o príncipe e o reino; ou quando, depois de gozar da maior felicidade, um homem cai em desgraça ao abusar um tantinho a mais da sorte. Esta é uma boa amostra do que se poderia chamar de *princípio do absurdo*: quando algo chega ao limite e ultrapassa-o, revela seu contrário. Em nosso caso, o projeto científico de tornar bem racionais as coisas todas, quando pretendeu dominar a franjinha que faltava, a loucura, criou um instrumento capaz de entender e curar a loucura, é certo, mas que, com ela, evidencia irracionalidade e loucura em tudo o mais, onde não se suspeitava que houvesse. A história das ideias é assim: irônica e, às vezes, vingativa. Vingança foi fazer ver ao homem que, no desconhecimento de seu próprio desejo, criava o que queria e o que não queria de uma só vez, sendo, portanto, absurdo para si mesmo quando ele pretendia erradicar os restinhos de absurdo e loucura de seu mundo.

Mas não fique decepcionado demais com o conhecimento científico. As coisas não poderiam mesmo passar de modo diverso. As ciências são um espelho da condição humana, isto é, do desejo.

O princípio do absurdo é a própria forma pela qual se manifesta o desejo e é o único jeito de ele se realizar. Esse princípio, em sua formulação mais geral, afirma que, realizado, todo desejo se mostra profundamente indesejável, se você me entende. Assim, nunca nos damos conta, feliz ou infelizmente, que conseguimos exatamente o que desejávamos. As histórias infantis servem para ensinar isso. Você se lembra daquela em que um camponês, a quem se facultam três desejos, pede uma linguiça, depois que a linguiça se dependure no nariz da mulher que o critica por seu mesquinho pedido, e, no fim, tem de gastar o último pedido para fazer sumir a inoportuna linguiça? Não lhe parece este um bom resumo da história humana? Por sorte, não temos direito a três desejos, mas a um Desejo só...

A propósito, a atmosfera de conto de fadas deste capítulo não para aí. Unicamente nas histórias infantis é que uma pessoa isolada inventa algo que modifica o mundo, e o faz quase sozinho. Nossa ciência, a Psicanálise, por azar, sugere que o impossível aconteceu. Com efeito, Freud, praticamente só, inventou um método para interpretar o lado irracional da mente, ou melhor, o lado que obedece a regras de uma lógica diferente daquela da consciência. Digo *por azar* porque isso aumenta muito a dificuldade que nós, psicanalistas, temos em continuar e, eventualmente, vir a superar sua obra. Parece que a maioria dos grandes psicanalistas está quase sempre tendo que começar de novo: selecionam algumas das teorias de Freud e proclamam que aí está a chave da Psicanálise. É que o método psicanalítico, como veremos a seguir, está tão aparentado ao princípio do absurdo que se torna, ele mesmo, indesejável.

É claro que Freud não estava interessado, originalmente, em denunciar toda a loucura da crise do real de que há pouco lhe falava. Como médico honesto que era, queria curar doenças. Foi assim que se dedicou a tratar doentes histéricos – pessoas que sofriam de ataques de angústia, de paralisias, de dores e de outros sintomas parecidos, sem causa orgânica. Pode-se dizer que, ao tentar fazê-lo, foi como se puxasse o gatilho do princípio do absurdo, pois dos sintomas histéricos teve de passar aos sonhos, dos sonhos aos atos falhos – esses escorregões de linguagem, tão inoportunos, que nos fazem dizer a verdade quando não queremos – e daí à totalidade da vida mental, como veremos.

Por ora, apenas desejo que você guarde a ideia central. O mundo edificado por nossa cultura humanizou-se tanto, no sentido de ser tão humanamente fabricado, que sua sombra, o lado desconhecido do desejo humano, acabou por aparecer mais do que devia. A realidade tornou-se um tanto duvidosa e o homem vê-se hoje, malgrado seu, cada vez mais absurdo para si próprio.

Mas, se a Psicanálise foi inventada por uma pessoa chamada Freud, no fim do século XIX, em Viena, a *ideia psicanalítica* – isto é, o método interpretativo – não foi inventada por ninguém. Ela era a resposta certa para o problema da loucura de nosso tempo. Quando o momento estava maduro, saiu do lugar onde estava guardada – na Literatura, na Filosofia e em especial nessa espécie de filosofia primitiva universal a que se costuma chamar de *animismo* –, no meio do grande armazém em que se empilham as ideias recusadas numa dada época (a época científico-tecnológica, em nosso caso), para vir habitar a ciência que Freud fundou. A missão de nosso método, portanto, é apresentar ao homem o absurdo que o constitui e, se possível, ajudá-lo a reconciliar-se com ele: com o absurdo, consigo mesmo.

2. O método da Psicanálise

O que faz um psicanalista? Ele aplica o método psicanalítico. Talvez esteja tratando um paciente, talvez um grupo de pessoas, uma família, uma comunidade. Talvez não esteja tratando ninguém, mas tentando interpretar algum acontecimento do mundo. Desde uma notícia de jornal até, por exemplo, a curiosa tendência atual de desmantelar a casa humana, que se revela no acúmulo de armas atômicas, na proliferação dos atentados, no esmagamento das diferenças culturais, na transformação acelerada da política em farsa. Pode querer interpretar o sentido de um palavrão, de uma piada ou de uma grande obra de arte. O que ele estuda não é tão importante – desde que seja um fenômeno humano –, mas, sim, saber se o que um psicanalista, que está trabalhando psicanaliticamente, emprega seu método próprio.

Na verdade, como Freud mesmo escreveu, o termo "psicanálise" tem três sentidos: é o método interpretativo, mas significa também uma forma de tratamento psicológico (ou psicoterapia analítica) e é igualmente o nome do conhecimento que o método produz (ou teoria psicanalítica). Um pouquinho confuso, não?

Bem, para evitar a confusão, e como o método vem primeiro, sendo o essencial, costumo escrever o nome do método e o da ciência inteira com letra inicial maiúscula, *Psicanálise*; e, com minúscula inicial, *psicanálise*, grafo o nome da terapia, disto que o analista faz em seu consultório, ou de qualquer psicanálise particular, como a psicanálise de um fenômeno cultural, por exemplo. Então, a ciência, caracterizada por seu método, chama-se *Psicanálise*, a terapia, *psicanálise*, ou simplesmente *análise* – quanto à teoria e à técnica, não há problemas, sempre dizemos *teoria psicanalítica* e *técnica psicanalítica*.

Essa confusão não é gratuita, creio. Lembra-se do que eu dizia, páginas atrás, sobre o parentesco entre o princípio do absurdo e o método psicanalítico – este que descobre o princípio do absurdo, o modo de realização do desejo humano – ser tão grande e perigoso, que tendemos a obscurecer a ideia de método.

O método de uma ciência é a forma geral de seu conhecimento, como todos sabem. Quando um físico descobre alguma coisa nova, tudo o que fez foi levar seu ponto de vista, seu método, até certo tipo de fenômeno que ainda não havia sido apreciado dessa forma. Com a Psicanálise é a mesma coisa. Temos um método – neste capítulo pretendo mostrar-lhe qual – que é nosso ponto de vista sobre o mundo psíquico, como o da Física sobre o mundo físico, e podemos levá-lo até fenômenos humanos que não haviam sido até então apreciados sob tal ângulo, que não tinham ainda revelado seu absurdo. Mas ninguém gosta realmente de aumentar a visibilidade do absurdo. Então, os psicanalistas preferem, em geral, confundir método psicanalítico com terapia analítica. Imagine que há até quem pense que a moldura da terapia – o que popularmente costuma-se chamar de *setting*, usando um termo inglês – e a livre associação, que são características técnicas da terapia analítica, fazem parte do método psicanalítico! Você pode imaginar um quadro fazendo associação livre ou uma cultura deitada num divã? É claro que vivemos de nossos consultórios, de fazer análise, mas só se justifica chamar psicanalista a quem participa, com grandes ou pequeninas contribuições, da criação da ciência da psique, da Psicanálise. Um engenheiro não se diz físico só porque aplica conhecimentos hauridos da Física.

Para que você entenda o que é o método psicanalítico, vou usar agora, como exemplo, a terapia analítica, o lugar em que se dá a confusão, e tudo ficará claro, espero. Entenderemos o que é Psicanálise por meio da psicanálise.

Suponha, por conseguinte, que você se converteu em analista – por artes mágicas ou depois de uns quinze anos de estudo e formação. Você estará decentemente trajado, sentado numa confortável poltrona, num consultório de bom gosto, tendo a sua frente, deitado no divã, o paciente que o frequenta algumas vezes por semana. Isso, pelo menos, é o comum. Todavia, não é impensável que estivesse nu, no meio do mato, com seu paciente trepado no galho da árvore a seu lado, se as condições sociais fossem outras. Dou-lhe essa imagem alternativa não porque tenha algo contra roupas e consultórios, mas para que compreenda a diferença entre moldura (*setting*) e quadro (método psicanalítico aplicado à análise). O divã, a frequência das sessões, o pagamento etc. emolduram a análise, servem só para sustentar e delimitar aquilo que se faz. Esse tipo de moldura inclui, por extensão, também as Sociedades de Psicanálise, suas correntes e grupos de formação. Como com o quadro que você tem na sala, é bom, aliás, que a moldura não seja tão pesada e rococó a ponto de embaralhar a cena retratada. Você já reparou como nos jornais e nas discussões públicas quase que somente se fala das escolas, associações e brigas entre psicanalistas? Pois este é um exemplo da moldura atrapalhando a visão do quadro, porque, afinal, isso tudo não é realmente importante para nossa ciência.

Digamos, porém, que você esteja sentado na poltrona e o paciente, deitado a sua frente, falando...

As palavras são traiçoeiras. Quando falamos, dizemos o que queremos dizer, porém, ao mesmo tempo, dizemos também muitas outras coisas das quais nem suspeitávamos. Mesmo se alguém diz algo tão simples como "está chovendo", refere-se com certeza a um estado do tempo, mas comunica simultaneamente muito mais. Falará com agrado ou com raiva, e saberemos já se tinha ou não certo projeto que a chuva atrapalhou. "Está chovendo" pode ser um convite a que permaneçamos aconchegados num abrigo, talvez contenha a ideia de uma espécie de vitalidade, tal qual a da terra bem regada, ou até algo assim como *estou chovendo*, seja lá o que isso signifique; quem sabe uma impregnação do mundo pelo meu eu. O que é garantido, no entanto, é que "está chovendo" não significa apenas que está chovendo. Há sempre a contar, no mínimo, o fato de que isso foi dito para uma outra pessoa e com alguma intenção conhecida – e com várias intenções desconhecidas...

Na verdade, são tantos os sentidos simultâneos das nossas palavras que seria virtualmente impossível uma conversa civilizada, caso não se reduzissem tais sentidos a alguns poucos. Quero dizer que é necessário um acordo tácito entre as pessoas que se comunicam, a fim de limitar drasticamente a abrangência do que se diz. É como se combinássemos: "Não vamos prestar atenção a, digamos, 99% dos significados possíveis do que estamos dizendo, para que o restante 1% possa ser bem entendido. Em particular, na vida cotidiana, procuramos diligentemente ignorar tudo aquilo que, nos ditos, diz respeito ao interlocutor, e não ao referente externo; isto é, no "está chovendo" procuramos esquecer todo o conjunto de insinuações acerca de nossa convivência (do tipo, "chove, portanto fiquemos aconchegados no quentinho"), e nos concentramos no estado do tempo, o referente externo deste caso (isto é, "chove, portanto não faz sol").

A redução tão violenta costumo chamar de *redução consensual dos sentidos do discurso*, pois é fruto de um acordo ou consenso entre as pessoas que se comunicam, ou chamo-lhe de *rotina*, que é o mesmo, porém dito com simplicidade. Essa é uma grande tarefa, importantíssima e difícil. Sem ela, não se poderia conversar, está visto. Você já observou a confusão que se cria numa discussão acalorada, quando, de repente, parece que ninguém mais fala a mesma língua do outro. A cada momento é preciso explicar: "Não foi isso que eu disse, não foi isso que eu quis dizer, eu quis dizer só que...". Dá-se simplesmente que, por causa da animosidade, perdeu-se um pouco do acordo consensual, foi violado o acordo sobre o tema, por exemplo, e alargou-se um bocadinho o sentido permissível das palavras. Confesso que nunca consegui compreender por que, nas escolas, não se leciona um curso de boas maneiras psicológicas, para que a gente só perceba o que consensualmente deve perceber, sobretudo quando a conversa esquenta...

Se você está sentado detrás de seu paciente, escutando-o, talvez pense que deve descobrir sentidos muito complicados, "psicanalíticos", no que ele diz, coisas como o complexo de Édipo ou as emoções mais primitivas. É um engano. Para fazer análise, basta que o consiga ouvir de maneira que se vá suprimindo aos poucos a redução consensual, a rotina. Isto se consegue assim: seu paciente conta-lhe algo do que fez ontem, depois comenta um detalhe novo do consultório, faz uma piada, tosse, lembra-se de um sonho etc. Se você fosse uma pessoa psicologicamente bem-educada, numa situação cotidiana, interessar-se-ia polidamente por cada assunto em separado, responderia, riria com ele... e perderia o sentido de conjunto. Fazer análise é uma espécie de falta de educação sistemática. Atrás do paciente, você estará calado, procurando juntar os pedaços da conversa, sem se deter no que, de hábito, significaria mudança de assunto. Ao contrário, prestará a máxima atenção às mudanças de assuntos, perguntando-se: "Se se trata de um só assunto, qual é ele e o que se diz agora a respeito?" Noutras palavras, você eliminou uma referência consensual importantíssima, segundo a qual cada dito tem de ser entendido no assunto a que o interlocutor se pretende ater. Como um chato que é, você se pergunta: "Casa, mais consultório, mais piada, mais sonho, o que tudo junto me comunica agora? O que quer dizer?", embora, conscientemente, o paciente não o queira dizer, em absoluto.

Quando, pois, você descobrir um sentido geral, procedendo como mencionei, e comunicá-lo a seu paciente, ele se surpreenderá muito. É plausível que afirme nunca ter pensado nisso e que certamente não foi o que quis dizer. Talvez você sorria então com superioridade, porém não se esqueça de que ele tem razão: com certeza, não pensara e, menos ainda, quisera dizer o que estava contido em suas palavras – você é que o ouviu fora da rotina, a culpa é sua.

Alguns nomes mais. Desculpe, mas é importante saber nomear o que se passa na análise, se quer vir a ser analista e poder conversar acerca de seu trabalho com os colegas. A esse tipo de atenção um pouco extravagante, que viola todas as regras da boa educação cotidiana, Freud chamava de *atenção flutuante*. Esse termo você já conhece, não é mesmo? O processo de decifração de sentidos fora da rotina e as intervenções nele baseadas, que ajudam o paciente a romper o limite dos assuntos que pensava poder tratar em separado, chama-se *interpretação psicanalítica*. Outro nome conhecido. Finalmente, àquilo que dá sentido ao que se diz e o delimita (que faz com que a frase "está chovendo" se refira só a um estado de tempo e não, por exemplo, a um estado da relação entre duas pessoas) chamaremos de *campo* ou *inconsciente* – claro que não o inconsciente inteiro, mas aquele que domina esse momento particular e esse tema, um *inconsciente relativo*. Essencialmente, portanto, o que você fez, ao interpretar, foi romper os limites impostos pela rotina do dia a dia aos significados do paciente: você produziu uma *ruptura de campo*.

Considero o efeito de ruptura de campo o processo fundamental do método psicanalítico, tanto no que diz respeito à produção de conhecimentos como à produção da cura. Costuma-se crer que a interpretação psicanalítica deve mostrar ao paciente um tipo especial de sentido, que deduzimos de suas *associações*, isto é, das ideias que nos comunica: os remanescentes da sexualidade infantil, os resíduos do processo de repressão e outros conteúdos semelhantes que, por meio deste livrinho, iremos discutindo. Isso é certo, de algum modo. Esses esquemas interpretativos fazem parte da teoria psicanalítica, a qual norteia as interpretações. Semelhantemente, há normas para bem interpretar, condições de tempo propícias, formas de atenção do analista, estilos e ritmos preferenciais para a formulação de interpretações, para cada paciente e para cada momento da análise etc. Em conjunto, constituem a técnica psicanalítica. Teoria e técnica juntas ensinam, pois, como fazer bem a análise; não explicam, entretanto, a interpretação em si mesma – isto é, que ato é este em essência, a interpretação, que pode eventualmente ser bem ou malfeito.

Uma coisa é saber que jogo estamos jogando; outra é saber jogá-lo bem. No momento, contento-me em lhe ensinar a essência do jogo, que é, penso, a operação de ruptura de campo.

Quando você escutou seu paciente de maneira estranha, desrespeitando os limites dos assuntos que ele pensava abordar, juntando pedaços de frases isoladas, fazendo-o notar lacunas ou reiterações aparentemente desnecessárias e, por meio de pequenos toques, comunicou-lhe um sentido que ele não sabia reconhecer nas próprias palavras, o resultado deve ter sido, é provável, bastante surpreendente. O cliente talvez reclame de não haver sido compreendido, ao mesmo tempo em que experimente uma sensação algo vaga de que o que você lhe disse tem tudo a ver com ele. É que ele, o paciente, na verdade são *eles*... Em cada campo somos o que o campo nos faz ser, somos muitos durante a vida. E são tantos os campos da psique, que a descoberta absurda, embora não caiba no campo em que o paciente está, justamente por expor algumas de suas regras inconscientes, cabe com certeza noutros campos seus. Por isso ele o corrige: "isso não faz sentido, mas me lembra que noutro dia eu sonhei que..." Quer dizer: é meu, mas não o posso reconhecer no momento, porém, no campo daquele sonho, daquela lembrança, daquela relação que tinha com meus pais, já faz sentido.

E há algo ainda pior – ou melhor, quem sabe. É que, dos outros sentidos outros que suas palavras contêm, os quais se cancelam geralmente no cotidiano, você terá selecionado expressamente aqueles mais vivos e atuantes no momento presente, aqueles que definem as posições de analista e analisando. É possível fazê-lo porque tudo o que dizemos e pensamos sempre nos define; o que nos é inteiramente alheio, nalgum momento, não é sequer pensável. Assim, você estará procurando o sentido geral, incluído despercebidamente no discurso (nas palavras do paciente), que mostra quem é ele nesse momento e em particular como é ele na situação analítica. *Aqui e agora*, você há de conhecer esta expressão. Por fim, como este *ser na situação* apoia-se com força sobre um estado afetivo, numa emoção, você terá descoberto como ele se sente, sem o saber, na análise. É concebível – brinquemos um pouco do jogo analítico – que, ao constatar a chuva, seu paciente esteja a lhe propor que você é algo assim como uma nuvem, chovendo sobre ele, que, na horizontal, se faz de terra, fertilizando-o, mas fazendo brotar lembranças irritantes de humilhações infantis. Estranho?

Estranhíssimo. No entanto, se a interpretação tiver sido bem feita, se a compreensão tiver sido cuidadosa, tal sentido estará de fato contido nos ditos do paciente (a que chamamos *material*). E se for excelentemente realizada, através desses pequenos toques emocionais que criam tensões seletivas sobre o curso das associações, o analisando mesmo terá dito praticamente tudo o que você reuniu na interpretação. Assim, ser-lhe-á difícil negar, pura e simplesmente, que a interpretação tinha razão de ser.

Os muitos sentidos das palavras humanas, se tomados em conjunto, poderiam levar-nos para quase qualquer lugar. Sucede, porém, que durante uma sessão eles se cruzam e descruzam, determinando pontos de convergência ou nós, para onde se encaminham porções consideráveis dos sentidos marginais do discurso. A essas malhas damos o nome de *fantasias*. Seguimo-las através dos fios, interpretamo-las ao reconhecê-las, produzindo uma sensação de ter completado algo que faltava, para uma inteligência diversa do material, que inclui agora seu *sentido inconsciente*.

Então, o paciente já não sabe, momentaneamente, o que está fazendo com você. Pensava estar contando coisas importantes, e, de chofre, ouve que está sendo chovido! Como isso lhe parece tão estranho quanto bem encaixado, perde os limites dos assuntos de que pensava tratar, percebe-se diferente, não um relator de ideias, mas um *não-sei-quê* apto a ser fecundado. Sente-se estranho, sem saber o que pensar. Na verdade, diria melhor, sem saber como fazer para pensar, porque o pensamento cotidiano respeita cuidadosamente os limites dos temas, dos assuntos; vale dizer, apoia-se em campos bem definidos, como os pés sobre tapetes. E foi-lhe retirado, com a interpretação, o tapete debaixo dos pés do espírito, seu campo.

Nesse estado de confusão, aparece algo que, de hábito, está bem coberto. Aparece aquilo que faz com que alguém, o paciente no caso, pense, sinta e faça o que faz; mas que ele crê provir de sua vontade soberana. Puro engano. Esses sentidos estranhos, como o de ser chovido, impulsionam nossa mente sem que nos possamos dar conta; manifestam aquilo que denominamos *desejo*. O desejo produz nossas emoções. É ele uma espécie de matriz, que permite (e obriga) alguém possuir certo repertório de emoções e não outro qualquer. Interpretando, o analista vai compondo, com seu paciente, o esboço lento do desenho de seu desejo. Fundamentalmente, por romper o campo da rotina e assim propiciar um espaço em que o desejo se pode mostrar, ainda que de forma indireta e parcial.

Tudo se passa como naquele jogo em que se coloca um papel de seda sobre uma moeda. Risca-se e, devagar, vai aparecendo a efígie da moeda no papel superposto. Tal qual a moeda, o desejo não é visível diretamente – adiante, saber-se-á que ele é inconsciente e poderemos discutir o que isto quer dizer. Seu desenho aparece, não obstante, nas sucessivas interpretações, pois, de tanto desenhar como é a posição do paciente em relação a você, ou a rigor em relação aos múltiplos significados que ele lhe empresta, surgirá a forma adquirida pelo seu desejo em relação a qualquer outra figura. Pois o analista, você no caso, é antes de tudo uma posição de referência, que serve para o paciente construir e viver muitas histórias diferentes, em muitos campos diferentes. Tal tipo de escuta, que apreende o paciente em seu campo dominante no momento e o põe a mostra, responde também a um nome bastante conhecido: *transferência*. Transferência, como a da moeda para a superfície do papel, entendeu? Caso não tenha ficado claro, sugiro que experimente, mas primeiro com a moeda e o papel; ou na situação analítica, tendo a você mesmo como paciente e alguém mais experimentado a fazer-se de analista. Nesse jogo é preciso algum cuidado, uma vez que o desejo, que vai mostrando sua face, é aquele absurdo a que antes eu me referia, o que obedece ao princípio do absurdo. O sentimento de ser absurdo – chovido, por exemplo – mexe com toda a constituição psíquica do sujeito. É uma coisa séria realmente, é o lado que determina o que somos, mas desconhecemos. Sentir-se absurdo é muito parecido com estar louco. Na verdade, sentir-se absurdo, sem propósito e sem a expectativa de voltar a recuperar o sentido de si mesmo, pode levar à loucura. Na análise, o sentido de absurdo é provisório, o paciente recupera a si mesmo depois, tendo incluído na consciência de si algumas autorrepresentações de que antes não dispunha. Por tal razão, e porque pretende curar-se de sintomas – para tratar-se e conhecer-se –, ele pode tolerar o absurdo provisório, na expectativa de reencontrar--se ampliado. Mas, no trânsito de uma representação de si mesmo para outra (na *expectativa de trânsito*), a consciência em condição de análise experimenta uma séria angústia, uma impressão de se desagregar, de não saber o que é, ou de não ser nada. Muitas representações estranhas rodopiam em sua mente, tentando dar conta do que se está passando, fenômeno a que costumo chamar de *vórtice* e que é, apesar de muito perturbador, a fonte da maior parte do conhecimento advindo da análise. Minha recomendação, por isso mesmo, é começar com moedas e um pedaço de papel...

Pois bem, assim se dá em essência a terapia analítica. Os analistas acreditam, às vezes, que certo tipo de coisa que intuíram produziu efeitos, e ficam orgulhosos da própria perspicácia; outras vezes, que é pelo fato de seguirem certo modelo teórico ou de usarem uma técnica especial, e se orgulham de sua escola. Não me parece. Técnicas e teorias diversas produzem resultados bastante semelhantes. Esse tipo de escuta esquisita que leva à ruptura de campo e às consequências que estamos vendo todo analista pratica. Porque é este o método da Psicanálise e é esta sua forma de produzir conhecimento. O desejo humano, esteja sendo veiculado por uma pessoa, por uma obra de arte, por uma lenda, por uma situação social, não se conhece diretamente, não é observável. Ele se esconde nos campos que dão forma ao psiquismo. A forma dada pode ser até muito útil; sem ser num campo, não conseguimos pensar ou sentir. Mas, nos pacientes, certos campos os amarram a nós de fantasia muito fixas, repetitivas e prejudiciais, enquanto na cultura e na sociedade, os campos – que podem ser também *campos do real*, mas isso é uma outra história que, no futuro, você também terá de conhecer – criam o sentido psíquico de qualquer realidade. Tudo o que nós, os analistas, fazemos, assim como tudo o que Freud fez, é dar oportunidade ao desejo de se manifestar, por meio da ruptura de campo.

O método da Psicanálise, a ruptura de campo, é, por conseguinte, um caminho de descoberta constante. Quando fixamos o resultado da descoberta de novo campo numa teoria, devemos saber que esta não constitui uma verdade adquirida, mas é só um instrumento para descobrir algo mais, de produzir novas rupturas de campos. Se isso lhe parece uma espécie de caça ao tesouro, você tem toda a razão. O máximo que conseguimos fazer é abrir uma velha arca, ou melhor, um velho campo, cujo conteúdo é sempre surpreendente. Mas como os arqueólogos, não estamos tão interessados se há ouro ou lixo dentro da arca, mas em que esse conteúdo pode ajudar na descoberta seguinte, na datação de uma cultura desaparecida, no caso deles, ou em fazer com que surja um sentido infantil esquecido, no paciente, ou o processo psíquico formador de alguma incompreendida realidade social.

Dessa forma, o método exposto aqui não tem parada: ou o processo interpretativo serve para descobrir novos sentidos, ou perde até os que pensou haver coletado. Guardado, o tesouro desaparece como por encanto. Arriscado, mas interessante o método da Psicanálise, concorda?

3. O inconsciente

Não é minha intenção contar-lhe como os conceitos foram criados ao longo da história da Psicanálise. Para isso, há bons textos, começando pelos de Freud e seguindo com a introdução de inúmeros tratados e manuais. Em vez disso, prefiro tentar esclarecer de que forma os conceitos psicanalíticos são criados constantemente pela aplicação do método, estudado no Capítulo 2. Para tanto, há uma forte razão: o sentido de um conceito teórico, a rigor, está dado por sua produção, ou seja, a teoria significa o processo que a cria e a utilização que se lhe dá. Essa é outra maneira de dizer que o método não tem e nem dá descanso. Uma teoria não é tanto aquilo que afirma, quando a estudamos, mas sobretudo a forma pela qual foi construída com base no método e no uso metodológico que dela podemos fazer, para romper novos campos e criar novas teorias. Lendo este capítulo sobre o inconsciente, tenha isso em mente.

Vejamos. Quando um analista produziu inúmeras situações de ruptura de campo com seu paciente, foram surgindo aspectos diferentes do desejo. Esquemas emocionais, que constituem a expressão desses sistemas de regras que compõem os campos da psique – como o de ser "chovido", já tratado anteriormente, para usar nosso exemplo um tanto estranho, mas verídico –, se comparados uns aos outros, vão compondo de modo devagar um desenho característico. Em primeiro lugar, tal desenho é próprio desse paciente, em particular. A forma especial que alguém tem de gostar, por exemplo, repete-se tanto nos grandes amores como nas pequeninas amizades. Mas, por outro, como nosso repertório não é tão vasto, a forma de gostar é, também, um pouco mais abstratamente, a forma de detestar, de brincar, de comer. Homens meticulosos amam, odeiam, brincam ou comem por partes, de forma organizada, odiando cada pormenor de quem os ofendeu, saboreando cada mordida, mastigando cada porção de comida e ruminando cada ofensa. São pessoas que dizem: "E além de tudo, ele ainda por cima me fez isso, mas o pior foi o modo como disse". E tal regra emocional vale para qualidades de sentimentos diversos, da partida de futebol ao banheiro. São pessoas que deixam o melhor bocado para o fim e sempre começam por lembrar as más notícias. Por ora, vamos ficar em exemplos bem esquemáticos do desenho do desejo – chuva, meticulosidade –, mais tarde podemos tomar um ou outro exemplo mais complicado, uma amostra da análise de algum paciente.

O repertório humano é mesmo bastante limitado. Justamente quando cremos ser mais originais, mais repetimos certas formas de ser que nos igualam a grupos inteiros de pessoas; dá-se apenas que o ignoramos cuidadosamente. Por causa disso, depois de interpretar vários materiais diversos, de vários pacientes, descobrimos que, no plano do desejo, há similitudes de esquemas que se repetem com notável regularidade em muitos ou em todos. E estes dizem respeito precisamente aos aspectos mais fundamentais dos sentimentos humanos, de suas ações e seus pensamentos. À constância de certas formas do desenho do desejo humano corresponde então uma formulação geral que os psicanalistas podem fazer, referindo-se a campos especiais da psique individual ou social, a tipos de paciente ou às pessoas todas. Chamamos a isso de *teoria psicanalítica*.

Agora podemos entender melhor algo que talvez o preocupasse no capítulo anterior. Você se perguntava: se as palavras podem ter tantos sentidos diversos, bastará mostrar qualquer um deles, dizer qualquer coisa? Na verdade, não. Há um guia para as interpretações psicanalíticas, que procede do próprio produto das interpretações anteriores de uma análise. Quer se trate do desenho desse paciente em particular, quer conheçamos de antemão certas características teóricas próprias do tipo de emoção que experimenta ou do tipo de pessoa que é, quer saibamos teoricamente que certo campo se funda em tais ou quais regras de constituição, sempre estaremos em busca de decifrar algo mais ou menos determinado: queremos completar o *desenho do desejo* – aquilo que apareceu no papel de seda sobre a moeda. Para isso, o conhecimento teórico prévio é uma inspiração, embora não ofereça garantias, pois as teorias mais poderosas numa análise são aquelas criadas durante o transcorrer do processo – você não se esqueceu do princípio que diz: uma teoria significa a maneira de criá-la e o uso que lhe será dado.

A esta altura, quem sabe você completará a indagação anterior: "Essas regras que compõem o desenho do desejo e que vão orientando o trabalho de decifração psicanalítica, compreendo que estejam na cabeça do analista, mas não estarão também na psique do paciente?" Tem razão, estão sim. Estão no sentido de limite; isto é, da mesma forma que uma máquina de estampar tecidos não produz qualquer outro padrão distinto do de sua matriz, existe uma matriz para nossas emoções, a que chamamos *desejo*, que nos limita a cumprir certas regras emocionais. Há, de fato, uma espécie de lógica das emoções humanas, bem diversa daquela que as pessoas usam para explicar os motivos de suas ações. Todos nós acreditamos ter pensado em algo ou ter realizado certo gesto por motivos determinados. Mesmo a teoria psicanalítica endossa às vezes essa concepção, dizendo que, se não são os motivos alegados, conscientes, que justificam um ato, então devem ser motivos inconscientes. Na realidade, *motivo* é tão somente o jeito pelo qual a razão procura explicar a si mesma nossas ações e pensamentos: pensei ou fiz isto, por causa daquilo.

O processo lógico que concebe – não o que justifica – nossos pensamentos, emoções e atos é, ao que tudo indica, um sistema de regras que só podemos conhecer pelo reverso; quer dizer, não pelo que produz, pois isso já vem racionalizado pela consciência, mas pelo contorno que impõe a cada um de nós, pelo limite do repertório de ideias e emoções. Nada há de tão cuidadosamente ignorado como o lugar de onde provêm tais regras limitantes; e você já deve ter desconfiado que é o inconsciente. Aliás, foi justamente por haver desconfiado da existência dessas regras lógicas, porém não racionais, do desejo, que Freud propôs um local hipotético onde deviam vigorar, chamando-o de *inconsciente*.

O que significa haver o inconsciente? Em primeiro lugar, exatamente aquilo que lhe dizia no começo: uma certa forma de descobrir sentidos, típica da interpretação psicanalítica. Ou seja, tendo descoberto uma espécie de ordem nas emoções das pessoas, os psicanalistas repetem Freud e afirmam que há um local hipotético donde elas provêm. É como se supuséssemos que existe um lugar na mente das pessoas que funciona à semelhança da interpretação que fazemos, só que ao contrário: lá se cifra o que aqui deciframos.

Claro, isso é um modo de dizer. Tudo o que descobrimos em nossos pacientes e nas psicanálises de elementos da cultura são campos, com suas regras de constituição, ou mais precisamente, restos de campos rompidos, cujas regras aparecem em representações estranhas que circulam em nosso já conhecido fenômeno de vórtice. Delas, deduzimos a forma que tinha o campo e preenchemos (desenhamos) o espaço daquilo que ele limitava, entende? O certo é que as regras dos campos são inconscientes. Afirmar que todos os campos possuem uma origem comum, que fazem parte do Inconsciente – de um lugar só, de uma espécie de máquina interna de estampar formas psíquicas –, ou afirmar que cada campo existe apenas por si é quase a mesma coisa.

Freud estava interessado em construir uma teoria sobre a origem dessas regras, e o fez muitíssimo bem; inventou o mecanismo de *repressão*, que elimina ideias proibidas ou desagradáveis, sobretudo as ligadas à sexualidade infantil. Para isso, era mais útil falar em um só inconsciente, o *inconsciente reprimido*. Este é um bom modelo. Outro modelo, se nosso interesse for explicar o funcionamento dos campos, consiste em dizer que são apenas o avesso de cada consciência, sua estrutura, portanto invisível para ela, inconsciente. Tal como as linhas de força que sustentam a parede de sua casa, que não podem ser vistas, mas também não se escondem num lugar por trás da parede. Que os campos habitem a estrutura da consciência ou que morem numa região profunda, isso apenas poderia ser decidido caso fosse possível provar, o que nunca se fez, que todos os campos que descobrimos possuem a mesma origem comum. Enquanto isso não se faz, prefiro dizer que só há *inconscientes relativos*, os campos das relações que estudo. É mais simples.

Veja os sonhos, por exemplo. Dormindo, produzimos estranhas histórias, que parecem fazer sentido, sem que saibamos qual. Chegamos a pensar que nos anunciam o futuro, simplesmente porque parecem anunciar algo, querer comunicar algum sentido. Freud, tratando dos sonhos, partia do princípio de que eles diziam algo e com bastante sentido. Não que anunciavam o futuro, mas que anunciavam o passado. Decidiu interpretá-los. Sua técnica interpretativa era mais ou menos assim: tomava as várias partes de um sonho, seu ou alheio, e fazia com que o sonhador associasse ideias e lembranças a cada uma delas. Foi possível descobrir assim que os sonhos diziam respeito, em parte, aos acontecimentos do dia anterior, embora se relacionassem também com modos de ser infantis do sujeito.

Igualmente, ele descobriu algumas regras da lógica das emoções que concebe os sonhos – sua *lógica de concepção*. Vejamos as mais conhecidas. Com frequência, uma figura que aparece nos sonhos, uma pessoa ou uma situação, representa várias figuras fundidas, significa isso e aquilo ao mesmo tempo. Chama-se a este processo de *condensação*, ele explica o porquê de qualquer interpretação ser sempre muito mais extensa do que o sonho interpretado. Outro processo, o *deslocamento*, faz com que o sonho dê maior relevo emocional a certos elementos que, quando da interpretação, se revelarão secundários, negando-a àqueles que se mostrarão realmente significativos. Um detalhezinho do sonho pode aparecer, depois da interpretação, como o elo fundamental. Digamos que o sonho, como um estudante desatento, coloca erradamente o acento tônico (emocional, no caso), criando um drama diverso do que deveria narrar, como se dissesse Ésquilo por esquilo... Um terceiro processo de formação do sonho consiste em que tudo é representado simbolicamente e um quarto reside na forma final do sonho que, ao contrário da interpretação, não é uma história contada com palavras, senão uma cena visual.

Essas e outras propriedades da linguagem onírica (*onírico* = do sonho) constituem os mecanismos de formação dos sonhos. Mas – preste atenção! – como conhecemos tais mecanismos? Do conjunto de associações que partem do sonho, o intérprete retira um sentido que lhe parece razoável. Para Freud, e para nós, todo sonho é uma tentativa de realização do desejo. A interpretação, por conseguinte, mostrará uma história que contém um anseio satisfeito, tal como: "Eu queria ter isto ou fazer aquilo", "A culpa do que fiz não é minha", "Isto realmente não aconteceu", "Vejo-me assim", "Tenho horror a tal coisa" etc. Não se esqueça de que o desejo é a matriz das emoções, tanto das agradáveis quanto das desagradáveis: a realização do desejo pode ser altamente indesejável. A história reconstruída pela interpretação denomina-se *conteúdo latente do sonho*, em oposição àquilo que o sonho efetivamente mostra, que é seu *conteúdo manifesto*.

Os mecanismos oníricos, portanto, são a medida da transformação de um texto em outro, são o que traduz o conteúdo latente em conteúdo manifesto. Uma charada, em que certas regras lógicas permitem transformar uma frase noutra, cujo sentido é obscuro, até que o charadista a mate. Pois bem, como na charada, os mecanismos para criá-la não são outra coisa senão o inverso daqueles que usamos para resolvê-la. Se fizermos associações ramificadas a partir de cada elemento do sonho, é natural que toda figura possa condensar várias figuras, tantas pelo menos quantas tivermos associado, não é mesmo? E se descobrirmos por essa via outro valor afetivo para o sonho, segue-se que o conteúdo manifesto acentuou tais valores diferentemente – em relação ao conteúdo latente –, realizou deslocamentos. Se cremos ter encontrado o sentido verdadeiro do sonho, este o exibia falso, ou pelo menos simbólico. Se, por fim, ao interpretá-lo, transformarmos a linguagem visual do sonho em palavras, só nos resta dizer que o processo de produção do sonho havia transformado as palavras do conteúdo latente nas imagens do conteúdo manifesto. Simples, não é? O inverso do processo interpretativo, o caminho de ida – se a interpretação fosse o de volta – é atribuído ao inconsciente. São os *processos psicoprimários*, por oposição aos da consciência, os *processos psicossecundários*.

Quer dizer que a interpretação produz então um certo efeito que, virado ao contrário, recebe o nome de *inconsciente*? Será tudo apenas um brinquedo, uma charada que se inventa para resolver? Não, por certo; e já veremos por quê. Apenas você deve compreender que o inconsciente psicanalítico não é uma máquina embutida no fundo da cabeça dos homens, uma fonte de motivos que explicam o que de outra forma ficaria pouco razoável – como o medo de baratas ou a necessidade de autopunição. Inconsciente é o nome que se dá a um sistema lógico que, por necessidade teórica, supomos que opere na mente das pessoas, sem no entanto afirmar que, em si mesmo, seja assim ou assado. Dele só sabemos pela interpretação, e a interpretação, a ruptura de campo, só nos mostra campos, nunca o *campo de todos os campos*, o *capo di tutti i capi*, como se diria na Máfia. Os campos são a única forma conhecida pela qual o processo inconsciente se dá para nós que o interpretamos. São inconscientes múltiplos, relativos, como já lhe disse. Portanto, quando afirmamos a existência do inconsciente, isso significa, antes de mais nada, que, em nossa pescaria, fisgamos um peixe. E os sonhos são rios muito piscosos. O único risco é confundir o rio com o peixe, isto é, acreditar que a reconstrução interpretativa do sonho recupera de fato uma realidade psíquica, que estava latente, escondida, e que é o inconsciente: ninguém pesca o rio nem é a água que faz os peixes...

Todavia, se não é por puro amor à charada, para que servem os disfarces do sonho? Os psicanalistas pensam que têm bastante utilidade. A teoria freudiana supõe que haja uma série de forças impulsionando a vida mental. Em que forma existem não se sabe ao certo. Porém, imaginamos que sejam forças operantes de permeio entre o físico e o psíquico. (Não é dizer muito, sei, mas é o máximo a que podemos chegar...). Essas forças, ou impulsos instintivos, representam as necessidades do organismo humano e de seu psiquismo, tais como fome, sexo, curiosidade (diga "epistemofilia" se quiser surpreender os seus amigos com uma palavra difícil, que significa *adição ao conhecimento* ou *curiosidade de saber*) etc. etc.

Desses impulsos instintivos postulados por Freud, quase nada sabemos, são hipóteses teóricas. Entretanto, eles se fazem representar na vida mental por uma espécie de corpo diplomático – os representantes psíquicos do instinto – que induz a psique a satisfazê-los. Posso não saber exatamente o que é a fome fisiológica, mas sei bem o que significa sentir fome.

Ora, pois, se eu sinto fome durante o sono, é possível que acorde, o que viria prejudicar outra necessidade, a de repouso; então sonho que como e me engano por algum tempo. Pode suceder, não obstante, que me ocorra um desejo menos aceitável, como o de redecorar a sala de visita de casa com uma pintura de fezes. Não se espante, as criancinhas têm vontades desse tipo, e infelizmente as realizam, se não houver quem as impeça. Desejos de tal monta, contrários frontalmente às aquisições de uma boa educação, feririam os pudores da consciência, além de ferirem outros sentidos que não o estético, o olfativo, por exemplo; têm de ser disfarçados, há uma censura interna que lhes proíbe o acesso à consciência.

De forma análoga são censurados certos desejos sexuais, agressivos e outros. Muito daquilo que nossa vida infantil permitia, na fase adulta já não pode mais nem ser pensado, ou porque viola as normas de socialização, ou porque contraria outros impulsos mais importantes. Seria ótimo viver de brisa, a preguiça que o diga, mas as necessidades de manutenção pessoal ficariam muito contrariadas com tal regime.

Para conjugar tendências tão opostas, a psique lança mão de um truque. De um lado, ela não permite que cheguem a ser representados conscientemente os impulsos muito contrários ao conjunto da vida mental, de uma fase qualquer da vida. Não se representam; contudo, nem por isso desaparecem – nalguma parte do coração temos sempre vinte anos, como se costuma dizer, porém, noutras partes, seis meses ou três anos de idade. À proibição de se representar conscientemente certo instinto denomina-se *repressão*, como sabe. A repressão, portanto, impede que a ideia (ou representação) de um impulso aceda à consciência; contudo, não dá para sufocar o prazer ou o desprazer ligado à representação. Os afetos passam. Só que passam – e aí está o truque – disfarçados, ligados a outra representação ou ideia, simbolizados. Vem daí a utilidade dos processos de formação do sonho, segundo Freud, pois despertaríamos desgostosos caso tivéssemos contato com as ideias originais.

Os sonhos, os atos falhos (a que já me referi), os sintomas neuróticos (que veremos mais adiante) funcionam, pois, como válvulas de escape para o reprimido, dentro da hipótese do inconsciente freudiano. Mais do que isso. São verdadeiras obras de arte, fundindo, numa mesma ideia, impulsos obstados e a censura que as proíbe. Como se os sonhos dissessem: "Quero isto, mas isto não é isto, nem sou eu que o quero...". Cuidado, pois, ao negar de muitas maneiras diferentes a mesma coisa.

Vamos rever este esquema teórico. Há impulsos. Alguns deles não se podem realizar, nem se representam conscientemente, pois contrariam o equilíbrio da vida mental, gerando desprazer. Já que a mente tende ao prazer – este é um dos princípios mais gerais de Freud –, a ideia que os representa é reprimida. Como o afeto não o pode ser, este aparece, mas disfarçado, como se se manifestasse noutra ideia. Esparramar as fezes pela sala é incompatível com uma pessoa bem-educada; pintar um quadro – por mais feio que seja, cheira menos mal – é compatível, é até meritório. Modificou-se o fim do impulso, transformado em algo mais elevado culturalmente, mais "sublime": este processo psíquico denomina-se *sublimação*. Ou então, o impulso aparece menos disfarçado – todavia disfarçado ainda – num sonho, num ato falho, num sintoma.

Decerto só ficamos sabendo de tudo isso por meio de interpretações. Logo, o processo de encobrimento é apenas o reverso do processo de interpretação. O inconsciente freudiano, por assim dizer, é uma interpretação às avessas.

Se alguma coisa parece irracional, depois de interpretada ela fica mais clara. Se alguém teme um bichinho, inofensivo, sempre se pode dizer que este, o bichinho, representa impulsos autodestrutivos inconscientes, sendo justo temê-los. Será certo pensar assim? Bom, não muito. Senão, como se costuma dizer, Freud sempre explica. Muitas pessoas pensam que a Psicanálise é bem isso; e outras a xingam por ser desse jeito, exatamente como não é. E teriam razão em criticá-la, porque o analista, acreditando que consegue traduzir o inconsciente, acreditaria em suas próprias fantasias, como se fossem do paciente. Por sorte, nosso método não funciona assim, como mostra a Teoria dos Campos. A interpretação apenas cria as condições para que as regras de um campo rompido se manifestem no processo de vórtice; logo, o que surge é do paciente que surge.

Para a Psicanálise, tanto o que é incompreensível quanto o que é bem compreensível à luz da vida cotidiana merecem igual interpretação. As pessoas comuns costumam explicar o que fazem da seguinte maneira: eu fiz isso assim porque tinha motivos. Se os motivos não me ocorrem, entretanto, é possível que sejam motivos desconhecidos, inconscientes, que justifiquem minhas ideias e ações. O importante, você vê, é manter a proporcionalidade entre motivo e ação. Nem que, para tanto, tenhamos de inventar motivos inconscientes ou atribuir qualidades e defeitos aos outros, como faz o homem preconceituoso. (Se você não o fez, fê-lo seu pai ou tio, ou pelo menos você o poderia ter feito etc.)

Nada é mais diferente dessa psicologia motivacional primária que a Psicanálise. O método psicanalítico não se vale da lógica cotidiana, da proporção entre motivo e ação, para depois justificar a desproporção multiplicando o motivo por seu valor inconsciente. Por que só o irracional haveria de ter motivos inconscientes, e o resto? O inconsciente não é um sistema de explicações para o inexplicável, mas uma lógica diferente. Tais explicações justificam o porquê de uma ideia ou ação, quando ela já se deu: são *racionalizações*. A interpretação psicanalítica visa demonstrar o processo que torna possível uma ideia ou ação, a maneira pela qual ela se concebe em nós, a lógica da concepção. Não a lógica superficial do que já foi concebido, do gênero: corro porque estou com pressa. Lógica da concepção, lógica das emoções ou lógica inconsciente, expressões que usamos quase indiferentemente, segundo o contexto, são nomes da mesma coisa: mostram o como, não se detêm no porquê. Além disso, a interpretação, como já vimos, parte da noção de que há sempre inúmeros sentidos, e não um só sentido verdadeiro. Corro porque estou com pressa; sinto pressa porque estou correndo; neste campo, sou concebido como pressa e corrida.

Por essa última razão, dá-se algo curioso com a teoria psicanalítica. Ela poderia explicar quase tudo, é claro. Além do mais, se o critério teórico de validação fosse a capacidade de explicar, toda e qualquer teoria coerente seria também verdadeira. Por isso, preferimos usá-la para não explicar nada, a não ser o próprio processo de concepção. Assim, quando se usa uma teoria psicanalítica para interpretar, mesmo que seja uma teoria tão respeitável como a do complexo de Édipo, estamos sempre procurando refutá-la. No mínimo, estamos abertos a que a prática a refute. Chamo a isso *princípio de risco* do processo interpretativo.

Se uma teoria qualquer entra no começo de uma interpretação concreta – feita a um paciente em análise, por exemplo –, é de se esperar que dela saia modificada, na outra ponta da interpretação.

De outro modo, se sai igual, direi que apenas encontramos o que ali já tínhamos colocado, ou que a interpretação foi *teoricamente indiferente* – conquanto talvez até possa ter sido clinicamente útil. Se a teoria se modifica, se especifica ou é corrigida pelo vórtice que desencadeia, aí sim penso que houve uma interpretação teoricamente significativa. Arrisca-se a teoria, por conseguinte, cada vez que a empregamos de forma legítima na prática analítica. Sempre estamos à procura de outra coisa, de que algo novo surja. Essa possibilidade sempre presente de dissolução da teoria faz com que devamos considerar a prática psicanalítica não como consequência simples das nossas teorias, porém como uma atividade teórica muito perigosa e radical. Com efeito, a prática analítica é o ponto de fusão de sua própria teoria!

4. O aparelho psíquico

Se você entendeu o caminho ou o método pelo qual o inconsciente se descobre e a utilização legítima da teoria psicanalítica, podemos passar agora ao exame das teorias do aparelho psíquico e da libido, criadas por Freud. Ao se referir ao aparelho psíquico, Freud escreveu certa vez: "A ficção de um aparelho psíquico". Ele tinha clara a ideia de que o esquema que montara era um modelo, e não um aparelho. Um jogo de armar, mas que jogo! Como ficção é tão bem montada que muitas pessoas jurariam que é a pura verdade. E, em certo sentido, o é.

As ciências funcionam assim, nas investigações de ponta – e a Psicanálise inteira é a ponta de uma investigação sobre a psique humana que apenas se inicia ainda. Nas investigações de ponta, nos postos avançados do conhecimento, ao abordar uma área de saber ainda inexplorada, o cientista adianta certas hipóteses, conformes a seu método e ao objeto de exploração. Para poder usá-las mais confortavelmente, dá-lhes a forma de um modelo. Isto é, diz que o mundo, qualquer tipo de mundo, está feito de tal ou qual jeito e, em seguida, resume este jeito num modelo geral e o põe a trabalhar, tentando ver o que acontece se os fenômenos são explicados por meio dele. Se a aplicação de certo modelo produz novos conhecimentos, isso não garante que o modelo equivalha à realidade, mas sim que é um modelo útil. Existem modelos físicos, linguísticos e econômicos. E há modelos psicanalíticos, tais como os criados por M. Klein, J. Lacan ou H. Hartmann, por exemplo. São todos bons jogos de armar, que se popularizaram entre os psicanalistas, mas o de Freud é excelente. Sabendo como funciona o método e dispondo de um bom modelo, não corremos o perigo de o confundir com fato, já que um modelo inteligente, como o do aparelho psíquico freudiano, traz embutido em si o selo do método: é um instrumento para pensar, e não um retrato falado da alma humana.

A Psicanálise não trata de fatos materiais nem respeita os limites das convenções a respeito dos reinos do conhecimento. Sempre que se lhe antepõe uma divisão bem estabelecida, ela deve perguntar: "Em que campo tal distinção se assenta?". E, em seguida, experimenta rompê-lo. Poucas certezas há, que tão fortemente estejam calcadas em nosso espírito, quanto aquela da existência dos indivíduos humanos: eu, ele, você, são referências naturais de toda sentença. Pois bem, ao estudar o mais individual de todos os atributos do indivíduo, seu aparelho psíquico, a Psicanálise ameaçará romper a unidade individual.

Pois o termo *indivíduo* não evoca o indivisível, aquele que não pode ser dividido? Mas a teoria freudiana do aparelho psíquico começará justamente por aí, dividindo-o em regiões e instâncias e mostrando que ele não se centra onde pensava, em sua consciência. Também, e talvez até mais escandalosamente, a Psicanálise, embora comece a investigar o aparelho psíquico em pessoas distintas, confunde um pouco os limites estabelecidos, de forma que o psiquismo poderia ser também coletivo, social, ou mesmo mais abstrato. Talvez as obras humanas contenham seu próprio psiquismo, talvez sejam elas a psique humana, mais até que as pessoas isoladas.

Com efeito, uma teoria geral da psique, se a conseguirmos criar, ou qualquer ficção da máquina espiritual de pensar, sentir, agir, deveriam principiar pela distinção, já estabelecida anteriormente entre lógica do concebido (ou razão) e lógica da concepção. Todos nós temos muitas explicações a dar sobre as razões que justificam o que fazemos e sobre a ordem que há no que pensamos. Porém, nada sabemos dizer, na vida comum, a respeito da ordem de concepção em si mesma; da concepção que nos faz grávidos de sentimentos, de ideias e ações. No máximo, fazemos uma atribuição indevida, afirmando que chegamos a pensar, sentir ou agir por causa dos efeitos que visamos obter. É como dizer: meu carro anda por causa do lugar aonde quero ir – erro que recebe dos filósofos o nome pomposo de *falácia teleológica*, isto é, engano (falácia) por confundir origem e eficácia com finalidade (teleologia).

A razão dessa falácia é muito simples. Acontece que a lógica da concepção é inconsciente; e mais, o inconsciente psicanalítico freudiano faz parte dela, é de longe o melhor exemplo de lógica de concepção até hoje criado. Todavia, não se pode limitá-la arbitrariamente aos indivíduos isolados: há ideias e ações sociais, há significados que abrangem toda a humanidade, há concepção nas próprias obras, no interior delas e não só no dos seus autores. Portanto, aquilo, em mim, que me move nalguma direção, não se origina realmente em mim: a concepção de nossas ideias, por mais privadas que sejam, é um processo complexo que vem dos campos do inconsciente social – das ideologias, por exemplo –, e dos campos de meu psiquismo inacessíveis a minha consciência – de diferentes *complexos psíquicos*. Minha intenção de chegar a certo ponto de um pensamento não é impotente por completo, mas tanto é determinada por uma lógica de concepção que desconheço enquanto está operando quanto conta apenas com os instrumentos que ela põe à minha disposição. Não adianta dizer ao carro "leve-me ao supermercado", como não adianta dizer à psique "conduza-me à felicidade" nem mesmo "deixe-me dormir".

Para compreender mais facilmente o aparelho psíquico, entretanto, comecemos com o indivíduo.

Há a consciência. Disso ninguém duvida, pelo menos no tocante à sua – que haja a dos outros, é sempre um problema delicado. A consciência é um desses entes difíceis de serem definidos, mas que, por felicidade, não requerem definição. Nós a conhecemos; ou melhor, não a conhecemos; porém, tudo aquilo que conhecemos é consciência. Se você disser: "Estou sofrendo de um terrível sentimento inconsciente de culpa", desconfio que esteja tentando me enrolar. Como ficou sabendo disso? A percepção que temos do mundo é consciência; as lembranças, inclusive a dos sonhos e devaneios, são consciência. A memória é consciência e só há memória de fatos mentais conscientes. (Por outro lado, só há esquecimentos onde pode haver memória – o inconsciente não se lembra nem se esquece.) Tudo o que se concebe, numa palavra, é consciência, menos o próprio processo de concepção.

Ao investigar os processos de concepção, a Psicanálise interessa-se por todos, mas centra sua atenção na questão dos conteúdos muito carregados de afeto, de prazer ou desprazer. O princípio básico do funcionamento mental, segundo Freud, é o de evitar desprazer. Nós já vimos que ideias capazes de gerar desprazer ou dor psíquica são impedidas de emergir à luz da consciência. No modelo ficcional freudiano, o inconsciente, portanto, é o lugar teórico das representações reprimidas ou daquelas que nunca puderam chegar à consciência, dos impulsos instintivos sem representação consciente. No inconsciente, segundo Freud, há energia instintiva livre e representações que podem ser carregadas com essa energia, provocando as maiores confusões – se, por exemplo, o ato de escrever for excessivamente carregado de libido (ou *energia sexual*), alguém poderá sentir vergonha de escrever em público, como se fora um exibicionista tímido. Ademais, é inconsciente também o próprio processo de repressão, que impede certas ideias de emergir.

As ideias reprimidas não ficam inertes, neste modelo. Sempre estão a jogar entre si, usando como moeda a energia livre do sistema inconsciente, além de influírem no funcionamento da consciência. À medida que nossa vida consciente se desenrola, há uma espécie de entrelaçamento entre certas representações e núcleos ou complexos inconscientes. Estes podem estimulá-las, inibi-las, fazê-las penosas ou agradáveis. (Aliás, *complexo*, na Psicanálise, significa simplesmente um conjunto complexo de ideias carregadas afetivamente – como se diria um *complexo industrial*. Nem tem sentido pejorativo, nem há razão para se dizer que fulano está "complexado".) E mais, como o sistema inconsciente desconhece o esquecimento, suas representações permanecem ativas para sempre, exercendo uma espécie de efeito magnético sobre a consciência. Imagine a folha de papel, agora colocada sobre vários ímãs e coberta de limalha de ferro; o pozinho vai-se distribuir em curvas, segundo a composição dos campos magnéticos atuantes. Assim o inconsciente; seus campos, mesmo que não expressos pelas ideias conscientes, determinam sua forma de distribuição e de concentração, num analisando, determinam suas associações.

Entre o inconsciente e a consciência medeia outro sistema psíquico, que é o pré-consciente. *Pré-consciente*, assim se chama o lugar teórico onde estariam as representações que, não sendo conscientes, podem vir a sê-lo, bastando para isso que o sujeito se interesse por elas. É o lugar do esquecido, do guardado, daquilo que é, no máximo, um tanto incômodo, mas não demais. Se uma lembrança não ocorre, mesmo fazendo força, em princípio é porque está enlaçada a sentidos inconscientes censurados; o campo magnético atual a proíbe ou dificulta sua evocação. O processo de relegar uma ideia ao pré-consciente, de afastá-lo da consciência, chama-se *supressão*; este é, por assim dizer, menos "forte" – menos ligado ao inconsciente – que a repressão. A verdadeira barreira da censura está, por conseguinte, onde há a repressão, entre o pré-consciente e o inconsciente, pois os conteúdos do primeiro ainda mantêm acesso à consciência, acesso fácil ou mais difícil. O que lhes é essencial, porém, é que já se exprimem por palavras, enquanto os conteúdos inconscientes encontram vedado precisamente esse passo básico para chegarem à consciência. As funções pré-conscientes são principalmente de seleção de atos motores e de vias de pensamento para a consciência. O estudo dessas funções continua a se desenvolver. Na Teoria dos Campos, por exemplo, a função que sustenta as representações conscientes e harmoniza a identidade com a realidade, conhecida como *função da crença*, é atribuída ao pré-consciente.

Um dos modelos freudianos de funcionamento da psique conjuga esses três sistemas: consciente, pré-consciente e inconsciente. Nós lhe damos o nome de *primeira teoria tópica* (de *topos* = lugar). O esquema é simples, muitíssimo útil e prático, sobretudo quando se quer entender os diferentes tipos de lógica operantes em nossa mente. Os sistemas possuem características lógicas diversas ou, como se diz também, princípios diversos de funcionamento. A consciência toma em conta a realidade consensual, o inconsciente trabalha só de acordo com o princípio do prazer-desprazer, como uma espécie de máquina de reduzir tensões psíquicas, porque o excesso de tensão é experimentado como desprazer.

Porém, em que pese sua inegável utilidade, esse modelo é apenas isso: um modelo. Tanto é verdade, que o próprio Freud criou outro modelo do aparelho psíquico, também claro e também útil. Este segundo esquema, a segunda tópica, não se funda na disposição dos conteúdos mentais em relação à consciência, mas leva em conta as funções que a psique perfaz e as estruturas por elas responsáveis. Você talvez já conheça os nomes dessas três estruturas psíquicas: ego, id, superego. A segunda tópica é também chamada de *teoria estrutural*.

O id – que nas palavras cruzadas tem como conceito: *substrato instintivo da mente* – é exatamente isto: uma espécie de substrato, de onde provêm os impulsos. Seus conteúdos são os representantes psíquicos dos instintos, seja os que nunca chegaram a se tornar conscientes, seja os que foram reprimidos. Dessa forma, é fácil compreender que o id é a instância original da psique. Ao nascer, o indivíduo psicológico seria, para Freud, puro id. Aos poucos, entretanto, o contato com as pressões da realidade iria provocar uma espécie de organização secundária da periferia do id, fazendo que parte de tal massa indiferenciada se estruturasse, mais ou menos como a crosta de um pão que está assando. A essa casca organizada dá-se o nome de *ego*.

O ego é a sede de quase todas as funções mentais. A consciência cabe ao ego, que se responsabiliza, portanto, pelo contato com o ambiente, com a realidade externa. O ego, nesse sentido, é um simples feixe de funções: percepção, atividade, juízo (ou julgamento do que é real e dos fins a perseguir) etc. etc. Porém, para a Psicanálise, o ego é também um conjunto de representações, podendo ser apreciado ou censurado, objeto de amor ou de desprezo das demais estruturas e do mundo externo, o que altera a eficácia com que cumpre suas funções. Além disso, o ego não é só consciência. Há funções inconscientes do ego, os famosos mecanismos de defesa, que serão visitados por nós quando estudarmos as neuroses. Por conseguinte, se o id é puro inconsciente, o ego liga-se estreitamente ao sistema pré-consciente/consciência, mas, como todas as boas famílias, também tem seu pé na cozinha do inconsciente.

A propósito, mesmo quando trabalhamos com o conceito de inconscientes relativos (campos), a noção de ego ainda é válida: cada inconsciente relativo dominante num certo momento da vida psíquica contém uma formação egoica, um conjunto próprio de representações que o identifica, sendo capaz de assumir o controle das funções psíquicas, como nosso motorista em seu carro. Esta é uma razão a mais para não haver muito sentido em dizer que a gente vai para onde quer em nossa vida mental: nós somos muito diferentes em cada campo, não um eu, mas uma coleção de eus que se ignoram, deslocam e negam uns aos outros. É certo que existe uma tendência constante a reunir todos esses eus num só, um esforço tão pertinaz de síntese psíquica, a que Freud chamou até de *obsessão sintética do ego*.

A terceira instância ou estrutura psíquica, o superego, nada mais é do que uma parte bastante diferenciada do ego. Tão diferenciada que seus interesses separam-se daqueles do ego e podem se lhes contrapor frontalmente. O superego é uma espécie de censor das funções do ego, estimula o que se deve processar, proíbe o resto. Para realizar essa tarefa ingrata – ingrata para o ego –, ele se baseia nas normas morais que se fixam a partir dos primeiros anos de vida.

Há uma pequena discussão, entre os psicanalistas, para saber quando exatamente se forma o superego: para Freud e para os freudianos, ele é uma espécie de legado da resolução do complexo de Édipo, coisa lá dos três ou quatro anos de idade, para os kleinianos (da escola de Melanie Klein, importante psicanalista que desenvolveu a análise de crianças), ele nasceria já nos primeiros meses de vida. Para nós, esta questão não é importante, basta observar que, como seus critérios são fundados, numa ou noutra hipótese, em normas muito precoces, o juízo moral do superego é primitivo, chocando-se com as aquisições mais elevadas do ego. É um juiz, mas não é um bom juiz. Às vezes, proíbe coisas que o ego mais desenvolvido poderia realizar com perfeito sucesso, só porque não o poderia ter feito nos tempos de sua origem infantil. O superego age como uma consciência moral e, no entanto, é fundamentalmente inconsciente e bastante imoral, eis o paradoxo. Quer um exemplo? Para criar algo novo, é sempre preciso destruir parte de nossas certezas ou desafiar a autoridade que nos é imposta. Porém, se o superego confunde destruição da certeza ou desafio à autoridade com o assassínio dos pais, fantasiado na infância, ele proíbe um dos passos essenciais do pensamento criativo. Esta é uma das muitas razões pelas quais não se deve interpretar alguém fora do processo analítico: interpretações fora de lugar costumam vir do superego de quem as emite...

Essas três estruturas, aparentemente tão esquemáticas, nem sempre se diferenciam. No funcionamento adequado do psiquismo, quando tudo vai bem, formam antes um todo harmonioso. O id supre energia libidinal, que o ego, autorizado pelo superego, transforma em pensamentos conscientes, projetos, ações a serviço dos fins instintivos, de maneira adequada à realidade. Só quando eclode um conflito as discrepâncias entre as estruturas se fazem realmente notar. Diante de um impulso do id que o superego desaprova, o ego vê-se prensado entre exigências impossíveis de serem inteiramente satisfeitas. Se o impulso é aceito, representado conscientemente e posto em ação, a condenação do superego irá se expressar sob forma de dor psíquica, angústia, sentimento de culpa. Se o acesso do impulso é inteiramente proibido, este continuará a insistir, a pedir passagem. Por isso, o ego acaba por barganhar: aceita parcialmente o impulso instintivo, porém modificado, disfarçado. Trata-se de um compromisso: o superego fecha um pouco os olhos, o id cede quanto à forma e todos ficam felizes.

Felizes? Nem tanto. Para poder impedir que um impulso penetre na consciência, os processos defensivos egoicos (do ego) – a repressão em particular, mas também a formação reativa, o isolamento, a negação, a recusa, dentre uma série de mecanismos de defesa aos quais não vamos deter – necessitam usar um tanto de energia para se opor. Mas onde encontrá-la? A solução é tão elegante quanto insatisfatória. É necessário enganar o princípio do prazer, que domina o inconsciente, para dele mesmo retirar forças que se oporão à sua própria satisfação. Diante de um impulso proibido, cuja satisfação daria prazer se o superego não se opusesse, há que convencer o princípio do prazer de que sucederá dor. Para efetivar esse truque, o ego aciona uma espécie de alarma, um pequeno sinal de angústia, sempre que tal tipo de impulso lhe aparece à porta. Como se dissesse ao id: veja como isso, que parece bom, na verdade dói. E o id, enganado até certo ponto, cede energias para contrariar seus próprios fins instintivos! Basta então ativar os mecanismos de defesa, carregados dessa energia, conseguida através de um expediente que envolve angústia, como se vê. No fim, corrigindo, todos ficam mais ou menos insatisfeitos – mas o que se há de fazer, a política mental, como a outra, é a arte do possível.

Pois bem, definido para você o modelo estrutural – id, ego, superego – e exercitado com este exemplo de conflito padrão, ficará provavelmente a ideia de uma espécie de organograma de empresa: certos departamentos responsáveis por tais ou quais funções. Modelos são sempre ingratos, são formas muito secas de pensar. Para dissipar um pouco a impressão de esquematismo rígido, vale a pena tratar de imediato da origem dessas instâncias em relação ao desenvolvimento da libido.

Libido, você sabe, é o nome usado por Freud para designar a energia sexual. Como podemos conhecê-la, porém, se energias mentais não são mensuráveis? A questão está longe de admitir uma resposta simples. Para nós, aqui, basta considerar que a sexualidade sofre transformações: o objeto de interesse sexual varia bastante ao longo da vida humana, mas também variam as maneiras pelas quais se satisfaz a sexualidade. Disso sabemos todos. E, se tanto pode mudar o interesse sexual, o que se satisfaz (ou não) em formas tão diversas? Resposta: na quantidade de energia sexual, seja lá o que isso signifique, pois satisfeita de um modo qualquer, observa-se uma diminuição da necessidade de satisfazê-la de outro. A tal constante nas mudanças Freud chamou de *libido*, cuja palavra, de origem latina, significa desejo.

A libido, para a Psicanálise, é a energia que pode experimentar os maiores desvios e contratempos em sua utilização; diversamente, por exemplo, da energia ligada ao instinto alimentar. Por isso, interessa-nos mais. Não por ser a única, mas por ser a mais complicada, digamos.

Inicialmente, nos começos da vida mental, a libido aparece como um *algo a mais* ligado às funções de nutrição. O bebê que se alimenta retira do ato de sugar um prazer a mais que o de saciar a fome, prazer erótico, que se expressa, por exemplo, no ato de chupar o dedo. Chupando o dedo não se alimenta, decerto; todavia, consegue algo assim como um suporte para suas fantasias de estar mamando – engana a fome e a si mesmo. A primeira fase da libido caracteriza-se por esse tipo peculiar de satisfação, em que o objeto erótico é ainda o próprio corpo infantil: *autoerotismo*.

Na fase de autoerotismo não há objeto externo, nem há, para Freud, estruturas mentais diversas do id, esse reservatório indiferenciado de impulsos – para os kleinianos, como já frisei, tudo começa mais ou menos ao mesmo tempo, ego, superego e relações de objeto que vêm do comecinho da vida. Logo em seguida, porém, o psiquismo começa a se organizar. Surge o ego, primeiro como um feixe embrionário de funções, tais como motilidade, percepção, juízo de realidade; depois como uma estrutura bastante coerente. Acontece então que o próprio ego se torna objeto de libido (as representações do ego, como já vimos), de interesse amoroso, o que conhecemos pelo nome tão difundido de *narcisismo*. A libido então se voltará para objetos externos de amor, primeiro para a mãe, seguindo-se depois toda a série de escolhas sexuais que veremos no Capítulo 5. Por ora, quero apenas que você guarde a ideia de um equilíbrio, que ademais seguirá pela vida afora, entre quantidades de libido dirigidas a objetos externos de amor e quantidades voltadas para o próprio ego. Isso é normal. Uma decepção com os objetos externos, com a pessoa amada, com a profissão etc. leva ao aumento do investimento libidinal do ego; uma paixão, ao contrário, faz diminuir tal investimento, exigindo que o amor, que por si mesmo perde o ego, seja compensado pela retribuição provinda do objeto. O ego, vê-se então, não é apenas um feixe de funções, um departamento empresarial; mas um objeto muito estranho, fonte de interesse pelo mundo e receptáculo de amor.

Dos amores do ego, o caso mais desesperançado é, sem dúvida, o superego. Pois o superego nasce (sempre para Freud) como herdeiro da resolução do complexo de Édipo. Também isso se verá melhor no Capítulo 5. No momento, é suficiente reter que a criança, que se resignou a não ser objeto sexual dos pais, só aceita essa renúncia ao preço de identificar-se com os aspectos mais punitivos das figuras paternas – incorpora as proibições e as toma como sendo suas –, aspectos punitivos que se encarnam numa parte especializada do ego. Essa parte, o superego, seguirá doravante dizendo muito mais não do que sim, dando amor a troco de obediência, obediência mesmo a exigências extremamente irracionais. Será o modelo da aceitação social, do conformismo às normas externas, à lei do castigo. Será vigilante e, como todo vigilante, exigirá que se lhe desvie a atenção. No conflito por causa de um impulso proibido vimos bem como se faz para burlá-lo. Desde sua origem, as instâncias psíquicas jogarão entre si um jogo de pequenas e grandes burlas, tendo como prêmio a saúde mental: quando tudo vai bem, quase não se distinguem uma da outra; lutam entre si quando fracassam as tentativas do ego de harmonizar-lhes as exigências.

É preciso ter pena do ego. Ele está dividido a serviço do id, do superego e das exigências do mundo externo. É um equilibrista. Num indivíduo normal ou passavelmente neurótico, sobra ao ego habilidade para jogar com as forças tão discrepantes dos impulsos instintivos, da censura do superego, da realidade externa. E ainda lhe sobra habilidade para construir a vida, procriar, produzir a civilização e suas obras. Tenhamos pena do ego, mas respeitemos suas manhas.

Para o gênero de especulação que aqui lhe apresentei muito resumidamente, Freud reservava o nome geral de *metapsicologia*. Talvez este termo seja novidade para você, talvez não. Ele é aparentado à *metafísica*, evidentemente. A metafísica não está exatamente na moda neste século que termina agora. A razão é compreensível: proposições metafísicas são indemonstráveis e quase sempre se sustentam, fundamentalmente, no fato de que também não se pode mostrar que estão erradas. Uma típica ideia metafísica, por exemplo, é a de que as coisas materiais só existem enquanto as percebemos: como provar seu contrário? Tente. No fundo, porém, uma ideia metafísica não é algo em que se deva crer; vale mesmo como um jogo que exercita nosso pensamento, esclarecendo os termos ou conceitos intuitivos: no caso, a gente começa a se perguntar: o que significa exatamente *existir*?

A metapsicologia freudiana também serve para isso. Desmistifica certas concepções da psicologia comum, como a de unidade do indivíduo, que vimos dividido entre várias instâncias ou estruturas psíquicas, como: a psique é um fenômeno individual, o centro da personalidade é a consciência, razão e afeto, em particular os sexuais, podem ser separados etc. As interrogações muito gerais, acerca do reino físico ou do psíquico, que produzem os grandes modelos são exatamente isso, interrogações, ótimas para abrir a trilha de um conhecimento ainda por se desenvolver. Quando um cientista cria um desses problemas, algumas vezes faz avançar sua disciplina mais do que mil experimentos concretos o fariam: veja a questão levantada por Einstein sobre a natureza do tempo físico. Freud fez o mesmo, e a Psicologia nunca mais foi a mesma.

Não é preciosa a ficção freudiana de um aparelho psíquico? É um digno começo para a criação de uma ciência geral da psique, que talvez o futuro ainda nos venha a trazer.

5. O desenvolvimento psicossexual

Se a libido desempenha o papel de motor de inúmeros processos mentais, psicanaliticamente relevantes, você pode compreender como deve ser importante definir com toda a exatidão o conceito de desenvolvimento psicossexual.

Para começo de conversa, a própria noção de sexualidade precisa estar bem definida. Não pode ser tão estreita que não cubra todos os fenômenos correlatos nem há de ser tão ampla e geral que se descaracterize, virando tudo sexualidade. Antes da Psicanálise, considerava-se a sexualidade, de forma restrita, como o conjunto de atos ligados à relação sexual ou coito, em especial à reprodução. A descoberta freudiana da sexualidade infantil, a extensa teorização que dela os psicanalistas fizeram, foi o ponto de partida para um alargamento radical do conceito. Por vezes, este se alarga demais. Pareceria que todos os sentimentos que se pudessem vincular ao amor (ou ao ódio) seriam "sexuais", pela única razão de se poder derivá-los interpretativamente de diferentes destinos do amor sexual. Simplismo, é claro. O sentido forte do alargamento da noção de sexualidade não é o de que toda a vida é um derivado da sexualidade, mas o de que toda a vida é vida sexual, no sentido estrito: isto é, todos os movimentos vitais incluem tanto tendências à conservação e à destruição do indivíduo como comportam um *quantum* de satisfação erótica ou de negação dessa forma de prazer. Há libido investida em todos os atos psíquicos, de uma ou de outra forma.

Por esta razão diz-se que a evolução individual da mente é um processo psicossexual. Compreendê-lo fica mais fácil quando se pensa no desenvolvimento infantil.

Uma das descobertas fundamentais da Psicanálise freudiana foi a sexualidade infantil. O que Freud descobriu, de fato, foi uma linha de continuidade sexual, desde a infância até a maturidade; onde se pensava ver um aparecimento súbito, quase sem antecedentes, durante a puberdade.

Aquela satisfação extra, que vimos se ligar à amamentação, vai modificar-se grandemente até chegar à forma reconhecível na sexualidade adulta. Primeiro é a fase oral. O prazer está então vinculado essencialmente à recepção dos alimentos. A atitude dominante do sujeito nessa fase consiste numa relativa passividade, como a de uma imensa boca aberta para engolir o mundo circundante. Também não há noção que distinga o si mesmo do outro: o seio materno (ou seu substituto) é considerado como parte do sujeito infantil, tudo está para ser engolido ou, eventualmente, rejeitado. É um sistema de sim/não – sim, dá prazer, para dentro; não, produz desprazer, para fora –, que terá influência até sobre o futuro juízo de realidade, que se pauta pela decisão a respeito do que existe ou não existe.

Já com o aparecimento da dentição, há uma modificação profunda nessa atitude passiva, pois a criança adota uma postura mais agressiva: morde, mastiga, dilacera. Daí se distinguem, na fase oral, um período *oral-receptivo*, e outro período *oral-canibalístico* ou *sádico-oral*, em que o receber já é produto de um empenho e o rejeitar, destrutivo.

Durante a fase oral predominam sentimentos muito violentos em relação ao objeto primário de amor (o seio materno). Além de Freud, quem mais se dedicou ao estudo das fases de desenvolvimento, nos primeiros tempos, foi K. Abraham. Seguindo-o, Melanie Klein e sua escola estudaram profundamente essas primeiras relações de objeto. Acreditam os kleinianos que o seio nutriente é experimentado pelas fantasias infantis como o eixo de todas as bondades possíveis: é alvo de uma paixão que não encontra paralelo na vida afetiva posterior. O *seio bom*, como ela o chamava, tanto representa o modelo de toda boa relação subsequente como é também o núcleo do desenvolvimento do ego infantil. Por outro lado, a experiência de sentir fome, sem que o seio materno acorra para aplacá-la, é ódio puro, um inferno sem atenuantes. O objeto primário é assim louvado ou atacado ferozmente, em fantasia, sem que haja possibilidade alguma de conceber unificadamente esses dois elementos polares da vida mental – que só para o observador coincidem no seio materno.

Dominam então processos mentais bastante simples e um tanto brutais. A relação entre o bebê e o mundo dá-se principalmente por meio de um par de mecanismos chamados *projeção* e *introjeção*. Entende-se por projeção a tendência a atribuir certas qualidades do sujeito a seu objeto. Introjeção será o contrário, um engolir psíquico, pelo qual partes ou qualidades do objeto são internalizadas pelo sujeito. O entrejogo de tais mecanismos faz com que, num dado momento, tudo o que haja de bom ou aprazível na vida mental seja propriedade do seio idealizado (muito bom), ou que, ao contrário, este se transforme em seio mau, péssimo, com características diabólicas. O que não existe, está claro, é um seio mais ou menos. O ego infantil, por seu lado, também pode oscilar entre os mesmos extremos, bastando que se introjete um seio bom ou um seio mau. É como se houvesse dois objetos e dois egos, bons e maus, irreconciliáveis. A isso chamam os kleinianos de *cisão*, dando um sentido muito mais primitivo e geral a um importante conceito de Freud: o de que o ego se divide em certos processos defensivos, ideia que abriu caminho para a noção das formações egoicas dos campos, exposta no Capítulo 4.

Uma aquisição importantíssima, segundo Melanie Klein, é o reconhecimento do *objeto total*, vale dizer, a dura descoberta de que o seio adorado e o seio odiado são um só, e de que este é parte de uma totalidade pessoal chamada mãe. Consciência penosa esta, pois a criança capacita-se de ter atacado com ódio precisamente sua mais preciosa fonte de vida. Culpa e remorso acompanham tal fusão, que servirá de base a todas as vivências depressivas posteriores. Por isso Klein chama esse momento de *posição depressiva*. Daí para a frente, para os kleinianos, muito da nossa vida mental teria por meta consertar, reparar, proteger aqueles bens que tememos haver destruído pelo nosso ódio. Mas, veja, estamos ainda tão somente no começo do segundo semestre de vida pós-natal...

Naturalmente, esse modelo do pensamento infantil, você entende, é apenas uma tentativa de aproximação ao desconhecido. Não podemos saber quais são os conteúdos mentais das criancinhas, os bebês não nos contam, e, ainda que pudessem falar, nós não os entenderíamos, porque é intrínseca à constituição da linguagem um grau de simbolização que exclui exatamente esse tipo de experiência psíquica. Não é inverossímil que as primeiras experiências mentais sejam muitos fragmentárias, lampejos de consciência, ainda desconexos, que só conhecem emoções extremas – mas como saber ao certo? O modelo kleiniano é então, como a metapsicologia freudiana, um jogo de armar. Constrói-se esquematicamente um sistema de mecanismos e processos psíquicos do qual poderia resultar um ser humano e, como este não pode ser provado ou refutado, vale como exercício: em Freud, para construir um modelo da psique; agora, para pensar sobre o que vem antes do antes na vida psíquica.

Portanto, não seria menos válido imaginar que as criancinhas adquiram forma humana por uma espécie de jogo especular, por meio do qual antecipam sua unidade corporal pela identificação com a imagem alheia, como propôs Jacques Lacan, mais ou menos na mesma época.

Pelo ângulo da evolução da libido, haverá uma importante modificação logo a seguir. A primazia da zona oral de satisfação, depois do primeiro ano de vida, cederá passo lentamente à questão do controle muscular e, especialmente, do controle das excreções anais. A fase anal é o momento da evolução infantil onde cobram importância o dar, o expulsar, o reter. Fezes são de início muito mais do que uma sujeira a ser escrupulosamente escondida. São presentes ou são ataques. A criancinha é recompensada por evacuar em hora e local devidos, e punida por não o fazer. A primazia anal introduz o drama da culpa e o esforço por um bom comportamento. O prazer de soltar e de reter, que durante a vida toda se mantém – embora não só em relação às fezes –, já não é tão puro; acompanham-no todos os estímulos e sanções que a sociedade utiliza para promover a educação. Como mostra Freud, o processo de civilização exigiu que os homens renunciassem à maior parte das satisfações anais e à agressividade a elas ligada.

A significação das fases do desenvolvimento libidinal não se esgota nesses primeiros passos, de sucessivas superações. Como a vida mental é neles formada, fica sempre a marca característica das primeiras fases e de como elas foram vividas. Há prazeres orais, o fumar, o beijar; e, mais agressivamente, o morder, o prazer de atacar e destruir. Também o prazer de evacuar permanece representado nos atos de expulsão, tanto na doação, no presente e na produção, como na sensação de se livrar de coisas ruins e perigosas, na expulsão violenta que certos jogos encarnam à maravilha. A vida econômica, por exemplo, quanto tem ela de avidez, de domínio, de satisfação em reter...

Com efeito, são mais que resíduos o que sobra das fases iniciais do desenvolvimento da libido. Sobra a forma mesma de nossa vida adulta, o *caráter*. Você já ouviu falar seguramente de fixação e regressão; agora poderá compreendê-las. Cada fase, cada estágio do crescimento infantil, apenas pode ser superada se um prazer equivalente ao que nela se desfrutava for obtido na fase ulterior, conquanto em forma diversa. Quando há problemas graves, se por exemplo há muita frustração durante o desmame, proibição da oralidade sádica ou exigência extrema na educação para a higiene anal, o desenvolvimento estará comprometido. A criança então passará a repetir a última forma libidinal que lhe proporcionou adequada satisfação. É como se ficasse em parte lá, onde foi bom. Chama-se a isso: um *ponto de fixação*. Se porventura ocorre mais tarde na vida uma insatisfação maior com as circunstâncias reais, o sujeito tenderá a voltar aos padrões que lhe foram satisfatórios, isto é, regredirá aos pontos de fixação já marcados, como a página de um livro que marcamos, por tê-la achado interessante e prazerosa.

O selo dos pontos de fixação fica visível no caráter do indivíduo. O caráter oral-receptivo alia certa passividade ao desejo perene de receber, como se o mundo sempre lhe estivesse a dever as primeiras satisfações. No caráter oral-sádico, há uma constante voracidade agressiva, insaciável, sempre atacando para conseguir, mas destruindo ou desaproveitando o que consegue. A primeira fase anal, onde o prazer expulsivo domina, leva a um caráter especialmente violento, que despreza o outro, que tende a expulsar de si todos os aborrecimentos, intolerante a frustrações e a limites. A marca da fase anal-retentiva, a segunda parte da fase anal, é ao contrário uma espécie de cautela excessiva, timidez, respeitoso temor por ordens e hierarquia, meticulosidade exagerada.

Dito assim, parece se tratar de doenças. Não. São feitios de caráter normais, ou quase, em que os problemas apontados comportam igualmente certas boas qualidades. Ser cordato ou empreendedor, ser agressivo ou meticuloso, quando não se está nos extremos, pode apresentar utilidade para a vida pessoal e social. Há profissões em que a agressividade é insubstituível, outras em que é preciso ser meticuloso ou tolerante.

O importante é que você note como as fases do desenvolvimento da libido não são realmente abandonadas. Superação, nesse caso, significa apenas integração numa estrutura superior. É como se para construir uma figura começássemos com um lado, a fase oral, juntando-lhe outro depois, sendo o ângulo formado a fase anal. Se agora juntarmos um terceiro, teremos um triângulo, representando a fase fálica, que estudaremos em seguida. Nessa analogia, a vida psicossexual dos adultos, a *genitalidade*, representar-se-ia por uma pirâmide de base triangular. Isto é, passamos de um segmento a um ângulo, deste e uma figura plana e a um sólido tridimensional. Houve integração numa estrutura de ordem superior, não abolição da estrutura anterior. Compreendeu?

Esse quadro dos começos da sexualidade na criança hoje nos parece mais ou menos comum. Não era assim, porém, quando Freud o expôs pela primeira vez, no começo do século. Foi um tremendo escândalo. E se as fases oral e anal escandalizaram nossos avós, que dizer da fase fálica? Pois a fase fálica já é "sexual", mesmo para o mais obtuso. Nela, por volta dos três aos cinco anos, o interesse erótico concentra-se nos órgãos genitais: o pênis, no menino; a vulva, o clitóris e a vagina, na menina. E há masturbação, assim como fantasias sexuais com pessoas reais. Escândalo puro, já se vê, para uma sociedade que acreditava nascer o sexo apenas na puberdade, e olhe lá...

Os objetos de amor, agora, como todos sabem, são os pais. Se o primeiro objeto externo é quase sempre a mãe, na fase oral, agora será o genitor de sexo oposto ao da criança, geralmente. O menino anseia por possuir sexualmente a mãe, a menina, o pai, e ambos consideram o genitor de mesmo sexo como um rival perigoso. Odeiam-no por isso. E aqui surge o problema; pois também o amam carinhosamente, pelo que dele recebem de afeição e cuidados. A ambivalência, ódio e amor simultâneos, é o grande problema da fase fálica.

Essa relação triangular, carregada de ciúmes, é conhecida como *complexo de Édipo*, nome daquele rei mítico de Tebas que, tendo matado o pai, sem o saber, acabou desposando a própria mãe.

Acresce ao drama da criança edipiana, além da ambivalência, o fato óbvio de sua incapacidade efetiva para concretizar uma relação sexual. Pobre pequeno, com sonhos tão ambiciosos! Sente que sua incapacidade provém da proibição dos pais, sente cada punição como um castigo pelos desejos proibidos, como castração, numa palavra. As fantasias edipianas dão culpa, frustrações e limites impostos pelos pais, pois parecem castigos por tais culpas. Por fim, vence o desejo de paz. A criança aceita renunciar ao objeto de amor sexual, por medo da poderosa rivalidade do genitor de mesmo sexo e pelo repúdio que experimenta de seu amado.

O menino, por temer a perda do precioso órgão genital, que cada reprovação ou castigo parece ameaçar, concorda, digamos, em ser castrado provisoriamente, isto é, em renunciar ao uso do pênis por um certo tempo. Em troca, não pretendendo permanecer em luta com o pai, trata de imitá-lo, identifica-se com as qualidades do pai castrador, torna-se um homenzinho.

Com a menina dá-se algo mais complicado, em teoria. Primeiro, seu amor inicial pela mãe, a primeira a prodigalizar-lhe satisfações genitais, durante os cuidados de higiene, tem que mudar de direção. Provavelmente isso se consegue por uma decepção prévia. A menina, que constata as diferenças sexuais com um irmão ou amiguinho, estabelece uma teoria infantil, segundo a qual lhe falta esse órgão tão valorizado, o pênis, não por não o possuir, mas porque o perdeu ou porque este não se desenvolveu ainda. Responsabiliza a mãe por tão desagradável condição, rompe com ela, e passa a dirigir seu amor ao pai. Por isso costumamos dizer que o menino sai do complexo de Édipo por meio da castração, enquanto a menininha pela castração nele entra.

De qualquer modo, em ambos os sexos, há uma aceitação forçada da castração e renúncia provisória da satisfação genital, que permite voltar o interesse mental para outras atividades, como o brinquedo e o estudo, no período conhecido como *latência*.

Em ambos os sexos, também, a fase fálica (de falo = pênis) é riquíssima em fantasias, ocorrendo curiosas teorias a respeito da sexualidade e reprodução. As teorias infantis postulam que os bebês nascem pelo ânus, como as fezes, imaginam fantasias de castrações, onde um simples corte no dedo ou uma extração de amígdalas têm sentido muito agourento. Com base nessas fantasias edipianas é que se estabelecerão os tipos de objeto de amor da vida adulta. Representarão os pais; no entanto, de maneira mais ou menos disfarçada, não raro recaindo a escolha em figuras francamente opostas aos primeiros objetos de amor. O temor à castração pode ser tão terrível, na verdade, que um menino talvez renuncie precipitadamente ao genitor de sexo oposto, oferecendo-se, por medo, àquele de mesmo sexo como objeto de amor. Não me castre, não me mate, mas me ame, que me ofereço, seria a forma do Édipo invertido, possível fundamento de quadros posteriores de homossexualidade.

O mecanismo dominante na fase fálica, durante a resolução do complexo de Édipo sobretudo, é a repressão. Mais forte ou menos forte, será um herdeiro para toda a vida. Compreende-se, então, que a introjeção das proibições paternas, causa primeira da repressão, fixe-se nessa fase, e que a identificação com o genitor de mesmo sexo deixe um ideal e uma fonte de censura. Como já vimos, essa fonte de ideal e de censura consolida-se numa estrutura permanente conhecida como *superego*.

O período de latência dura até a puberdade. Na adolescência renascem os interesses eróticos, e com violência, já voltados, entretanto, para substitutos dos pais. Esta é a fase genital propriamente dita, onde a maior parte do que importa para o psiquismo já está determinada.

O que se disse até aqui deve ter formado em você uma ideia popular que gostaria de desfazer. Talvez lhe pareça que a sexualidade segue um caminho bastante tormentoso até chegar, com alguma sorte, ao porto seguro da genitalidade adulta ou normalidade sexual. É um erro. Não existe tal sorte, e se existisse talvez não fosse sorte, mas azar. A imagem do adulto normal que se satisfaz exclusivamente com o coito é por si mesma uma espécie comum de perversão. Como o fetichista, adorador de objetos como sapatos femininos ou calcinhas, como o exibicionista, ou como aquele que só encontra prazer em relações sádicas, o sujeito *supernormal*, que renuncia a tudo menos ao coito, reduz excessivamente a riqueza da relação sexual. Perversão é, na verdade, qualquer versão restrita da sexualidade – ou do real, em sentido mais amplo, como quando se diz que uma economia é perversa, por ter um só objetivo, o lucro. A vida sexual normal, se isso tem sentido, é uma arte prática, de fantasias vívidas, de sonhos, de jogos amorosos, difundida pelos atos todos da vida e não só restrita aos da cama, embora comportando também renúncia e sublimação.

As cenas que alimentam as fantasias sexuais vão se acumulando no transcorrer do desenvolvimento infantil. Fundamentais são, por exemplo, as fantasias de sedução, provindas dos primeiros contatos com a mãe. Os estímulos genitais que acompanham o trato da criança pequena marcam-na com uma intuição, talvez não de todo errônea, de ser desejada sexualmente; intuição que, no futuro, será preenchida por experiências com companheiros de brinquedo e depois entre adultos. No fundo, é impossível estabelecer o limite entre amor e sedução durante o desenvolvimento psíquico infantil, principalmente porque os adultos também experimentam toda sorte de desejos inconscientes. E isso é normal.

Outra fantasia dominante é a de ter presenciado relações sexuais entre os pais, a *cena primária*. O isolamento em que a criança se encontra, quando os pais estão fechados no quarto, é vivido sexualmente, mesmo que nunca a visão do coito parental haja ocorrido. Mesmo o simples jogo da presença e ausência da mãe, na primeiríssima infância, com todo o peso de angústia que acarreta, também alimenta as fantasias sexuais de domínio, o desejo de ser capaz de operar magicamente o controle desse ir e vir, que foi sofrido passivamente. Freud conta a história do menininho que brincava com um carretel, atirando-o e puxando-o de volta com imenso júbilo, que parecia significar exatamente isso: controle sobre as idas e vindas da mãe.

Todas essas fantasias podem ter um efeito traumático, isto é, marcar, dar forma especial, conformar o sujeito a um nó do desejo. Para existir o trauma não é preciso que algo terrível tenha sucedido. Ao contrário. São pequenos fatos, pequenas seduções, frustrações minúsculas que se somam e se organizam em fantasias prevalentes, diversas para cada indivíduo. Não há tanto a temer. É falsa a imagem comum que opõe impulso instintivo a trauma, como se o impulso tivesse um caminho natural, que os traumas desviam. Não existem amostras reconhecíveis desse caminho natural, na espécie humana. O trauma é antes a forma do impulso, da mesma maneira em que um nó é apenas a forma do barbante. Caberá à análise desfazer alguns nós, é claro, mas não é sequer possível pensar o barbante psicossexual sem forma alguma, mesmo que esta seja embaraçosamente nodal.

6. A sexualidade

Nos três últimos capítulos, tratei de resumir para você algumas das teorias psicológicas mais tradicionais, mais básicas e universalmente aceitas da Psicanálise. Pensa-se geralmente que tais ou quais teorias constituem artigos de fé. Não constituem. Se deixam de ser úteis como instrumentos, abandonamo-las como facas embotadas ou alicates com ferrugem. Pelo menos é o que se deveria fazer. Pois o único instrumento perene, tão duradouro ao menos como a própria Psicanálise, é seu método, tal como foi estudado no Capítulo 2, o processo mesmo pelo qual as teorias são criadas, na clínica ou na psicanálise da cultura. Há graus diferentes de importância das teorias, segundo sua maior ou menor capacidade de encarnar e exprimir o método. Certas teorias simplesmente somem do mapa; outras permanecem, porque um grupo de analistas (uma *escola*) as sustenta; outras, enfim, possuem uma importância toda especial, pois são momentos de expressão original ou de recuperação do método psicanalítico. A metapsicologia freudiana, sob este ponto de vista, além de ser uma arca do tesouro, pode ser comparada mais prosaicamente a uma caixa de ferramentas: os conceitos lá guardados constituem a forma circunstancial que tomou o método nalguns momentos centrais da descoberta freudiana, as ferramentas da primeira operação metodológica da Psicanálise. Todavia, o sentido metodológico mais forte de uma teoria reside no próprio processo de produção, nos passos dados para criá-la.

Para que você entenda o que é a Psicanálise, título e propósito deste opúsculo, não basta, por conseguinte, ter uma ideia vaga das teorias mais bem estabelecidas. É necessário também acompanhar o processo de expansão teórica, o caminho que leva à produção de novos interpretantes. Convido-o, pois, a brincar de teórico comigo, tomando por tema a psicologia dos sentimentos e como ponto de partida a própria sexualidade. Ainda que não cheguemos a grandes conclusões – o que nunca se pode garantir de antemão –, ou que não depositemos confiança excessiva nos resultados obtidos, o simples percurso, o esforço de pensar teoricamente, ensinará, muito melhor do que o relato de esquemas já estabelecidos, como se fabricam os conceitos da Psicanálise.

Creio que você já percebeu na investigação do desenvolvimento psicossexual quão preocupados estão os psicanalistas em determinar a sequência que gera a sexualidade adulta, com base em alguns poucos princípios e impulsos instintivos vigentes na primeira infância. Denomina-se *genético* esse ponto de vista (de gênese = origem), e já deixei dito que ele é muito útil. Usei como exemplo no Capítulo 5 sua versão mais radical, a de Melanie Klein, tanto por ser muito popular entre nós quanto por ser mais fácil de esquematizar. Para a criação do sujeito kleiniano, basta considerar dois grandes ingredientes afetivos que se supõem inatos: ódio e amor – expressões diretas do instinto de morte e do instinto de vida que, por volta de 1920, apareceram na obra de Freud, como uma especulação a mais sobre a raiz da vida psíquica. Acrescentando-lhes dois mecanismos básicos, projeção e introjeção, já temos os alicerces da vida mental rudimentar. Amor projetado dá objeto bom, reintrojetado dá um ego-representação (*self* ou *si mesmo*) bom etc. E como o bom e o mau não se misturam de início, deles se derivam também o mecanismo de cisão, a idealização (o muitíssimo bom, o bom demais), os temores persecutórios (do péssimo, do mau demais), e já se anuncia o drama depressivo, quando o que está separado vier a se juntar, e assim por diante.

Tentar resumir o pensamento lacaniano sobre a origem do psiquismo, outra escola psicanalítica bastante difundida entre nós, já não seria tão simples, mesmo que eu procurasse ser tão esquemático como estou sendo com o kleiniano. Lacan foi um pensador extremamente sutil e suas concepções são mais complexas, apoiando-se largamente numa reflexão filosófica. De qualquer modo, o lacanismo preservou a noção de *instinto* como fundamento da vida psíquica.

Até aqui, tudo bem. Vamos supor, contudo, que tenhamos de lidar com problemas psíquicos que não se resolvem com a ideia de instintos fundamentais e de mecanismos primitivos. Não é uma hipótese remota. Na prática clínica, usa-se muito pouco o conceito de instinto e, menos ainda, o de instintos de vida e de morte. Se você for explicando a seu paciente que ele faz isso ou aquilo por causa de seus instintos, que ama e constrói porque predomina a vida e odeia e destrói porque predomina a morte, ele talvez lhe responda com toda razão: "Ótimo! Agora entendi tudo. Podemos começar a fazer análise?"

Se dispensarmos, pelo menos para certos fins, as noções instintivistas, tudo estará perdido, o método psicanalítico não mais se poderá usar? Absolutamente. A teoria psicanalítica – e, diga-se de passagem, a técnica psicanalítica também – é secundária e derivada do método de ruptura de campo, podendo ser reconstruída em campos diversos sem que se perca a essência da Psicanálise. Tudo o que teremos de fazer será tomar como ponto de partida alguma tendência geral menos obscura que a de instintos primários e mais utilizável para os problemas clínicos que estamos enfrentando. Nesse caso, poderemos ou não partir da origem do psiquismo na infância. Mas teremos de teorizar, porque renunciamos aos conhecimentos que já estavam prontos. Deixe-me exemplificar para você os dois caminhos, o que parte de um modelo infantil – mas de um jogo de armar diferente, que não emprega linearmente a noção de instintos – e de outro que simplesmente deixa de lado o problema da gênese infantil e parte da origem lógica das emoções. Preparado para pensar teoricamente? Vamos lá.

Comecemos por figurar a situação de um recém-nascido. Ele está completamente submetido às necessidades fisiológicas – ou instintivas, poder-se-ia dizer também: como vê, não jogamos fora a ideia de instinto – que a mãe ou algum substituto procuram acomodar. Nesse estado inicial, tudo se passa como se não houvesse qualquer espaço entre o bebê necessitado e as coisas que lhe satisfazem a necessidade. O mundo dá-se para a criancinha, portanto, como uma espécie de necessidade fisiológica invertida: ser aleitado há de ser uma espécie de fome ao contrário e só. Por isso, designamos esta condição inicial pelo nome de *cerco das coisas*.

Porém, com a repetição de experiências de satisfação parcial, sempre um tanto desencontradas das suas necessidades, imaginemos que surja um intercâmbio entre mãe e bebê. Nada muito complicado; de início, só um jogo de coincidências e defasagens. A mãe quase acerta a hora de dar o seio. Às vezes, tenta amamentá-lo quando está na verdade molhado, e o acalma com isso; e, ao tomá--lo nos braços, descobre que precisa trocar a fralda. Esses ritmos contêm o germe de uma comunicação, justamente porque abrem margem para equívocos. E a criancinha, mesmo sem ter intenções precisas, entra no jogo. Provavelmente por acaso, emitirá alguma vez um sinal de necessidade – choro, inquietação – que não corresponde a necessidades reais e será recompensada por isso com um atendimento extra. Maravilha, muito antes de aprender a falar, ela já mentiu! Será preciso que isso ocorra muitas vezes, até que se implante um comportamento quase intencional – ao que chamaremos de *protointencionalidade*, se quisermos usar um termo mais preciso.

Entendeu? Prisioneira de um cerco de coisas, ou seja, da necessidade fisiológica e das coisas que a podem satisfazer, a cria da espécie humana encontra de golpe uma porta de acesso a outra condição. Ela mente para a mãe, indicando como sendo (fisiologicamente necessário) aquilo que não é, recusando o seio quando tem fome, pedindo-o quando não tem, provavelmente antecipando ou adiando um pouco que seja o sinal de falta.

Podemos tomar essa mentira como ponto de partida da constituição do psiquismo individual, precisamente por não ser um fato individual, mas, quase se diria, social. No espaço entre mãe e bebê, sucede o pequeno milagre da abertura de um novo psiquismo. Sendo capaz de produzir efeitos sobre a mãe, o bebê acaba por descobrir que se pode comunicar e, principalmente, que pode indicar um estado de necessidade imaterial – não só barriguinha vazia ou pele queimando de urina, mas a própria fantasia de satisfação possível. A necessidade fisiológica bruta começa a ser modificada e a se transformar numa coisa mais diferenciada – a fome vira apetite, desejo de comer, desejo de ser acariciado, desejo amoroso etc. E o desejo, como já vimos, é a matriz das emoções, e não somente simples reflexo das necessidades físicas. Índices de necessidade, como o choro, convertem-se em sinais significativos, ao serem correspondidos: primeiro, gestos; depois, palavras a indicar o que não está ao alcance do tato e do olhar. Isso é especialmente importante, como você pode compreender sem dificuldade. O ser humano, ao contrário dos animais, vive num mundo de possíveis, de ausências, de *não-ser*, e, falando, é capaz de se referir a coisas que não estão acontecendo no momento ou que não se podem apontar; este mundo é inventado, na comunicação com a mãe, pelos lapsos de não-ser que vão se introduzindo de contrabando. Por fim, experimentando os efeitos altamente satisfatórios da relação com o outro, com a mãe em particular, é possível que chegue a comunicar--se consigo mesmo, ou seja, que chegue a pensar conscientemente: e os produtos da lógica de concepção, nossa conhecida, começarão a se organizar racionalmente, com o passar do tempo.

Como vê, esse movimento em direção à linguagem, ao desejo e ao pensamento consciente funciona como um segundo nascimento: se no primeiro surge uma criaturinha com potencialidades humanas, é o homem que aqui se cria, este é o nascimento do ser psíquico. Por essa razão, damos à experiência de enganar a mãe e a necessidade o nome de *mentira original*.

Se você gostou desse modelo, pode utilizá-lo na clínica, porque o tipo de nascimento aqui descrito, em que se supera o cerco das coisas, o estado de submissão à necessidade imediata, repete-se muitas vezes numa análise, a cada vez que um novo campo psicanalítico se abre ao pensamento. Uma paciente que insiste constantemente em receber atendimento imediato de necessidades – necessidade de atenção, necessidade de amor etc. – experimenta várias vezes abusar um pouco do analista, exigindo atenção a coisas meio fingidas, enganando-se e enganando-o para que creia que são indispensáveis. Porém, o próprio movimento de sinalizar necessidades que não a leva a receber uma atenção interpretativa – e gosta do resultado, embora não fosse exatamente o pretendido –, interpretação que, aos poucos, lhe vai abrindo o caminho para pensar em si mesma e por si mesma. Eis a mentira original, repetida num renascimento, e na análise a psique está constantemente a nascer outra vez, a cada novo campo que se rompe. Só não se esqueça de uma coisa: este também é um modelo, um jogo de armar...

O modelo da mentira original já está bem estabelecido na Teoria dos Campos e tem mostrado sua utilidade na prática clínica. Seria possível prolongar sua exposição até desembocarmos juntos no conceito de *luto primordial*, do qual agora vou falar. Por outro lado, poderia também mostrar as relações entre a teoria freudiana do desenvolvimento e a mentira original – esta última é uma espécie de generalização crítica da de Freud. Mas é melhor não. Prefiro apresentar separadamente esses modelos, para ajudá-lo a compreender como é possível construir teorias, sem a ilusão, em geral alimentada pelos manuais de Psicanálise, de que tudo está inextricavelmente ligado dentro de nossa ciência, como se fosse uma doutrina religiosa. Esta é outra das ilusões produzidas pelos modelos: não só parecem fatos concretos, como também se parecem apoiar uns nos outros, exigindo que se acredite no conjunto. Na verdade, mesmo no interior da Teoria dos Campos, o conceito de *luto primordial* apareceu antes deste que acabamos de estudar, de *mentira original*, que lhe é logicamente anterior. Comecemos a teorizar de novo.

Um sentimento básico, bastante conhecido de todos nós, é o desejo de ser inteiro, de bastar-se a si mesmo. A própria teoria do narcisismo afirma algo assim. Ademais, todos os sonhos de grandeza e imortalidade nos levam a pensar que, no fundo, bom mesmo seria fechar-se em si próprio, num amor autocentrado, cujo excedente apenas se pudesse esparramar pelos outros, como o dos deuses nas religiões monoteístas.

Ora, a posse integral de si próprio é impossível – por sorte, posto que, satisfeito, cada homem seria o último na Terra, sem descendência, nem haveria obras ou civilização. Somos muito dependentes do meio e da sociedade e, além disso, não conseguimos nos conhecer diretamente: só no confronto com os outros é que sabemos de nós. Conformar-se com isso? Bem, não há outro jeito. Porém, ainda que aceitando a indispensável abertura para o outro, resta sempre um sentimento de perda, básico e inevitável, como uma saudade de si mesmo, embora referente a um estado de posse absoluta que nunca houve ou haverá. Será irracional talvez, mas os homens são assim, nostálgicos precisamente do que tão somente imaginaram haver possuído.

Chamemos esse estado de perda de *luto primordial*. Como em qualquer estado de luto, existe, pois, a tendência a procurar outros objetos ou pessoas que substituam o bem perdido. Em nosso caso, sendo o bem perdido essa integridade absoluta e independente, os objetos substitutos serão nada menos que o mundo inteiro, o mundo externo, a pessoa amada, o trabalho, os amigos, o lazer etc. Quer dizer que não há propriamente objetos primários, todos são objetos substitutivos, intercambiáveis, representantes sempre do próprio sujeito. É como se houvesse uma fuga constante do homem para o mundo, descontente com sua incompletude; e, no cerne de cada relação de objeto, um grão de luto primordial é elaborado.

A concepção acima, que semelha, à primeira vista, um jogo de ideias descomprometido, depressa mostra ser mais que isso. De fato, é próprio dos vínculos emocionais com pessoas e coisas esse caráter de fuga em direção a figuras eminentemente intercambiáveis. Mesmo o sentimento de perder-se nas relações externas é verdadeiramente universal. Reflita em como se sente um tanto vazio e ansioso por se recolher após um período de muito contato pessoal, ao fim de uma festa, por exemplo. Não é raro que pessoas terminem a alegria em choro. Ou, pelo menos, pense na necessidade periódica de sono...

Se é assim, se no outro vou buscar a mim mesmo, perdido, pareceria lógico que minhas relações tendessem à fusão total. Como não me posso fundir comigo mesmo, que o faça com o outro. Isso existe, sem dúvida, mas decepciona. A fusão total e violenta com o outro o anula, o destrói e não o satisfaz. É o princípio teórico do sadismo, que pretende invadir o parceiro, devorá-lo ou penetrar-lhe até a alma. Na prática, a teoria é outra e bem melhor. Na prática, o sadismo é uma arte sutil. Se o sádico aniquilasse a sensibilidade do parceiro, ficaria com as mãos vazias. Seu intuito cumpre-se melhor parando na metade, dominando apenas na medida certa, que lhe mostra poder produzir efeitos inegáveis sobre a outra pessoa. Quase todos os estímulos sensoriais podem ser negados ou disfarçados por quem os sofre, menos, é claro, a dor. Daí, quem sabe, a paixão toda especial que tem o sádico por infligir dor física ou moral. Sendo inegável, sustenta a ilusão de estar fundido, como uma parte ativa, noutra feita só de passividade.

Quantas relações humanas duradouras, quantas amizades e casamentos não são mais que atos sádicos prolongados, cozinhando sempre no seu próprio caldo? Enquanto o objeto de apego sádico não se deteriora, seu apelo mantém-se e mantém-se a relação. São, em geral, pequenas vitórias e pequenas concessões que a alimentam: uma relação sádica raramente explode em violência descontrolada.

O apelo sádico consiste numa espécie de atração do objeto que oferece a possibilidade de ser constantemente vencido, sem se considerar derrotado de vez, sem parar de resistir. Pois bem, você já deve ter entendido que o apelo sádico constitui o mais eficiente e primário lenitivo para a perda de si mesmo (ou luto primordial). Sem embargo, a fuga para os objetos, ao passar pelo sadismo, por sorte não precisa aí estagnar-se. É possível que o sujeito aceite uma troca de influências, uma reciprocidade, em que os componentes sádico e masoquista, ativo e passivo, se distribuam entre os parceiros noutra proporção. É um acordo complicado, sem dúvida. Perco-me em você e em você me recupero, permitindo, como contrapartida, que você elabore em mim seu próprio luto. Empresto-lhe minha sensibilidade em troca da sua, os dois saímos mais ou menos satisfeitos, como sempre acontece nesta vida.

Se for assim, a relação não precisa se fundar no irrecusável (na dor), porém no interesse de conservação recíproca e no prazer. A partir desse ponto, já se deve falar de *elaboração sexual da perda de si mesmo*, pois a fusão, bastante equilibrada, apoia-se agora num apelo provindo das fantasias aprazíveis. Entretanto, para que isso aconteça será preciso antes franquear a verdadeira porta de entrada da sexualidade, que o apelo sádico constitui: o sadismo, com efeito, é o limiar entre narcisismo e relação objetal.

Mas reciprocidade não quer dizer necessariamente simetria. Tomemos o exemplo do *voyeurismo*. Considera-se o voyeurismo uma perversão – mas logo veremos o que significa tal juízo –, consistente em que o prazer se obtém principal ou unicamente pela contemplação do corpo alheio. Não é preciso, no entanto, que o *voyeur* se arme de binóculos ou frequente um cabaré. A vida cotidiana oferece margem suficiente para tal tipo de prazer: assim como oferece seu complemento, no *exibicionismo*. É um encontro de prazeres. Fundamental para o prazer *voyeur*, assim como para o exibicionismo, é a existência da correta moldura para o quadro de satisfação. Podemos figurá-lo materialmente como a janela do prédio fronteiro, onde uma jovem se prepara para dormir. Porém, mais geral e mais simples, serve ao *voyeur* e ao exibicionista qualquer parte limitada do real que separe sua experiência da vida rotineira. Seria de imenso mau gosto, se a jovem, sub-repticiamente admirada, tocasse a campainha do apartamento e se oferecesse ao *voyeur* quase profissional. Este

com certeza replicaria: "Minha cara, você não entendeu nada..."
A moldura da realidade é o fundamento de seu atrativo, convém não o esquecer.

A sexualidade, então, há de ser entendida pelas qualidades do apelo (ou atração) que seu objeto exerce. Trata-se, em primeiríssimo lugar, de um recorte apropriado da realidade, de uma área bem delimitada e especial, comparável ao quadrado da janela alheia, no caso do exibicionismo/voyeurismo. Em segundo lugar, para que o apelo ganhe máxima eficiência, para que alcance o fascínio, será requerido um equilíbrio adequado dos componentes do atrativo.

E estes são dois – veja como é divertido teorizar, como nos leva a resultados imprevisíveis e curiosos! O fascínio obtém-se por uma adequada mistura de *mesmo* e de *outro*. Explico. Para que a fuga em direção ao objeto seja satisfatória é essencial que este, o objeto de prazer sexual, seja bastante próximo do sujeito, seja da mesma espécie, seja um *mesmo*. Pedras, cadeiras, espirros dificilmente fascinam sexualmente. Se eu devo me encontrar ali, eu que me perdi de minha inteireza, há de ser num igual, numa espécie de mim mesmo. Contudo, o sentimento de absoluta identidade e interioridade no encontro com o objeto sexual é paradoxalmente desagradável. Como se algo de interno saísse para fora e, lá encontrado, tivesse de ser posto para dentro de novo. Imagine pôr para fora a saliva e voltar a engoli-la: é cuspo, enoja. Esta experiência de nojo representa à perfeição o sentimento que nos desperta o encontro com aquilo que é demasiadamente igual e interno.

Por outro lado, estar diante do alheio, do estranho, suscita um sentimento de parecido desagrado. Algo que semelha a forma humana, sem ter seu estofo, provoca o riso, faz-se ridículo. É a marionete, o autômato, o macaco ensinado. Estes não dão asco, são distantes, fazem rir. É justamente da adequada composição entre identidade e outridade, entre fusão e alienação, isto é, entre *nojo* e *ridículo*, que nasce o apelo mais forte da sexualidade: o *fascínio*.

Interessa-nos, dentro dessas especulações, pôr em relevo a impropriedade de crer numa linha reta e ascendente de transformações que desemboca na sexualidade adulta ou genitalidade. Não há aperfeiçoamento constante, como não há normalidade final. Desenvolvimento há, decerto; mas não progresso que se coroe numa integração perfeita da personalidade e desta à sociedade. O estado final constrói-se a cada momento, é feito do equilíbrio de contrários, de uma mistura sábia de elementos que podem ser desagradáveis em separado, como na composição de um bom coquetel, em que não deve faltar um amarguinho, ou na de um perfume, onde o fixador raramente cheira bem.

Isso quanto à composição do fascínio. Porém, há mais. Até certo ponto, os esquemas emocionais – como este, do apelo sexual – independem da qualidade especial dos afetos envolvidos: a regra é mais geral do que as substâncias. Tomando como exemplo o fascínio – muitos outros exemplos de regras seriam utilizáveis, fiquemos neste –, sua composição explica tanto o apelo sexual como também o apelo exercido pelos delírios, talvez a fascinação das aventuras, talvez certas propriedades do apelo artístico. Como pode ver, nossa investigação de uma regra teórica leva-nos, de imediato, às portas de várias descobertas, ramifica-se inesperadamente.

Por fim, um último resultado desta investigação diz respeito à própria noção de realidade. Tradicionalmente, cremos que exista uma realidade normal, prejudicada apenas nas doenças psíquicas. Mas, a constatação de que, para cada estado emocional, há tão somente quadros mais ou menos satisfatórios da realidade, delimitados por molduras precisas, põe em dúvida tal certeza do senso comum.

Com bastante garantia, temos o direito de afirmar que diversas constituições do apelo sexual – apelo sádico, *voyeur*, apelos homossexuais (de vários tipos), muitas formas de monogamia ou poligamia etc. etc. – exigem, para sua satisfação, quadros diferentes da realidade, correspondentes às fantasias dominantes em cada caso. Se a satisfação só pode ser obtida num quadro muito exclusivo, se o indivíduo é uma espécie de profissional altamente especializado num só quadro, seja este feito de sapatos à meia-luz, ou de correntes e chicotes, ou, talvez ainda pior, de televisão e cama, trata-se com justiça de um *perverso*. Posto que a perversão é só uma versão restritiva da sexualidade, a realidade onde se cumpre, restrita, será o de uma *perversão da realidade*. Se há sentido em aludir à normalidade, será ela simplesmente um tipo de muitos tipos, multiplicidade e variedade de condições tidas como satisfatórias pelo sujeito dito normal.

Cada sentimento, por conseguinte, constrói uma espécie distinta de realidade. Dou-lhe um exemplo ou dois a mais, fora da zona estrita da sexualidade. A *realidade saudosa*, por exemplo, é curiosamente fluida. As coisas, as pessoas, não se individualizam por completo. Os fatos são como ondas, nada é inteiramente presente ou inexistente, pois há um lugar, de que o presente é só um resto, que guarda o sentido todo de ser real. A ele podemos chamar de *relicário*. É uma parte pequenina do mundo, centro imaginário onde está representado o bem perdido, a situação ou a pessoa amada, e que supre a indispensável fusão do sujeito consigo mesmo. Pode ser um quarto, um panorama, uma música. O resto do mundo está ali fora, não é negado, todavia só existe como uma espécie de flutuação das ondas que provêm do relicário.

Já a *realidade teimosa* consiste numa coagulação. É dura, feita exatamente de coisas concretas, ordenadas numa sequência lógica, em relações de causa e efeito. A realidade da teimosia é feita de extensão e repetição. Seu centro é o teimoso, claro, mas cada elemento teima também: teima em ser só isto, que é pedra é pedra, branco é branco – ou é preto, se o teimoso assim o preferir.

Não há como comparar as duas realidades, não se fundem nem são miscíveis. A única junção possível, mas difícil de ocorrer, é quando a saudade afeta a teimosia. Nesse caso, dá-se algo raro e maravilhoso: o teimoso pode curar-se da própria teimosia, pelo menos no momento, a teimosia às vezes sara na saudade. Em muitas ocasiões, vemos isso acontecer no processo analítico.

Segundo o modelo que juntos estamos desenvolvendo neste capítulo, as regras emocionais criam formas específicas da realidade: realidades diversas de diferentes apelos sexuais, realidade saudosa, realidade teimosa e inúmeras outras realidades emocionais que deveriam ser descritas, além de realidades sociais, é óbvio. A *realidade em si*, por conseguinte, só se limita a ser uma espécie de redução, por meio da rotina, de campos muito diferentes entre si, cuja análise pode restituir sua diferença, ao evidenciá-los no processo de ruptura de campo.

Como você está vendo, nossa teoria, além de mostrar como se produz uma concepção psicanalítica, está perfeitamente de acordo com aquilo que verificáramos ser o método psicanalítico, no Capítulo 2. Sendo assim, diz-se que é uma teoria legítima, ou seja, tem propriedades que correspondem bem ao método que criou. Nela, o método foi recuperado. É uma ficção verdadeira.

Ainda que um pouco mais difícil que outros capítulos, posto que trata de coisas menos popularizadas, este deve ser lido e relido com cuidado, já que a única maneira de compreender a teoria psicanalítica é nós mesmos experimentarmos cumprir algum trabalho teórico. Como qualquer jogo ou arte, a teoria da Psicanálise só se aprende fazendo.

7. Psicopatologia

O desenvolvimento da personalidade pode culminar em estados mentais diferentes. Vários desenlaces possíveis, predomínio maior de traços orais ou anais, diferentes formas de resolução do complexo de Édipo, múltiplas reações individuais a perdas, destinos diversos do luto primordial cabem nos limites da psicologia normal. No Capítulo 6, vimos como vários desenhos do desejo tentam resolver a questão do luto primordial, a recaptura de si no outro, produzindo formas distintas de realidade, segundo a modalidade do encaminhamento sexual. E tudo isso é normal. Mas também existem anormalidades psíquicas, objeto de estudo da psicopatologia psicanalítica.

Existe o anormal, a doença psíquica, ou como quer que se lhe queira chamar. No entanto, a Psicanálise renovou o sentido do patológico. Filha do princípio do absurdo, nossa ciência quer encontrar nos estados patológicos um instrumento precioso para a compreensão da vida mental, recusando, ao mesmo tempo, a distinção estrita entre normal e doentio. Daí dois exageros de sua popularização. Alguns popularizadores da Psicanálise anunciam felizes que não existe mais doença no campo psíquico – o que seria ótimo, caso os pacientes tivessem a gentileza de não mais sofrer de mal algum. Outros, mais simplistas ainda, preferem esvaziar a distinção, afirmando que não há normalidade; que somos todos, no mínimo, neuróticos. Tolices. Para superar os preconceitos contra as doenças mentais, é necessário primeiro admitir sua existência, depois compreendê-las e, só por fim, traçar as linhas de continuidade com a vida comum.

As neuroses, por exemplo, existem – e doem muito. Todavia, o sintoma neurótico tem equivalentes próximos nos sonhos, nos atos falhos e no resultado de certos conflitos cotidianos mais intensos. Diferenciam as neuroses a persistência, intensidade de suas manifestações e a especificidade dos conflitos geradores. Dir-se-ia que o neurótico especializou-se num certo padrão, enquanto a normalidade é feita de variados conflitos, de inúmeras fixações parciais, de pequenos sintomas dispersos. Se, ao ler este capítulo, você se encontrar um pouquinho em cada quadro descrito, não se assuste demais: a normalidade psicológica aproximada, a única que existe, é feita de um mosaico psicopatológico inespecífico.

Na raiz das neuroses encontra-se uma disposição inata pouco conhecida. As pessoas nascem diferentes, tanto no corpo como no espírito, que são dois aspectos de uma coisa só. Quanto à constituição, cremos que seja importante, mas sabemos pouco a respeito. É fato que certas crianças possuem menor capacidade de simbolização que outras; contudo, quando podemos estudá-las, já viveram, já enfrentaram um meio ambiente bastante especial e dificilmente comparável mesmo ao de seus irmãos. Pois o meio inclui precisamente os irmãos, as ideias e sentimentos que os pais têm a seu respeito e que, em parte, já derivam também da própria forma de ser da criança. O que, pois, é inato? Como descontar a complicada reciprocidade das reações afetivas nos primeiros meses de contato com os pais? Entre constituição e experiência, não há ovo e galinha, mas, sim, uma dialética.

Por conseguinte, desprezando distinções impossíveis; vamos contentar-nos em descrever algumas formas características de neuroses e psicoses, assinalando os tipos de conflito, os mecanismos de defesa e os sintomas mais comuns. Comecemos pela histeria.

O ponto de fixação teórico da histeria é a fase fálica. Já não se acredita que um grande trauma, isoladamente, responda pela origem das neuroses; são pequenos incidentes traumáticos, frustrações acumuladas de um mesmo tipo, que dão forma de nó aos impulsos, impedindo que se satisfaçam medianamente. Ademais, os adultos que convivem com a criança têm suas próprias determinações psíquicas inconscientes, e as põem em ação, sem saber, no trato dos filhos: nascemos e nos criamos numa cozinha psicopatológica, onde se preparam os conflitos potencialmente geradores de neuroses. O drama edipiano, carregado de ambivalência, de experiências de incapacidade e humilhação afetiva, constitui um ponto especialmente delicado da evolução psicossexual. Não é difícil, portanto, que a criança fique emocionalmente paralisada, temendo agudamente as ameaças fantasiadas de castração, enquanto persiste em orientar seu amor e sua rivalidade para as figuras originais do conflito: pai e mãe.

Talvez não dê mostras disso. Pode mudar de assunto, por assim dizer, interessar-se normalmente pelos amiguinhos ou pela escola; porém, quando o interesse sexual recrudescer, na puberdade, enfrentará um problema complicado. Cada escolha amorosa ulterior haverá de manter o mesmo sabor incestuoso e proibido, a mesma sensação de incapacidade e de ciúmes que presidiram a relação fálica com os pais. Então será preciso combater a sexualidade, não haverá experiências novas e aprendizagem afetiva; numa palavra, a sexualidade será traduzida em desprazer. Mas os processos defensivos não funcionam totalmente. O aparecimento de impulsos sexuais na consciência toma, nesses casos, um caráter de angústia, como se avisasse o sujeito de que algo doloroso está por vir. E vem, pela ação condenatória do superego, que continua vendo em cada pessoa atraente uma nova versão de um genitor e age, ele mesmo, como se fora o outro, aquele que proíbe.

Predomina, na histeria, o mecanismo de defesa conhecido como *repressão*. Os sintomas são, geralmente, manifestações de angústia. Há quadros em que prevalece uma angústia flutuante, ora mais moderada, ora mais intensa, quase sem representações que lhe indiquem a origem. Outra forma comum de sintoma de angústia são as *fobias*. Situações como estar encerrado em espaços limitados, um elevador, por exemplo, ou encontrar-se à beira de um lugar alto, ou em meio à multidão, pequenos animais não muito perigosos, baratas, ratos, aves, particulares situações sociais, como festas ou entrevistas, em suma, condições não especialmente graves provocam um medo extremo e insuportável. É como se simbolizassem perigos internos, impulsos de autopunição suicida, fantasias violentas de penetração sexual etc. Ou a angústia manifesta-se por crises intensas, "ataques" de ansiedade em que o paciente se debate, chora e ri descontrolado, parecendo representar um grande drama afetivo, terminando numa espécie de desmaio, onde não há, entretanto, completa perda de consciência. Mas há também formas sintomáticas, em que a angústia parece estar ausente. Paralisias de membros, dores ou insensibilidade localizadas, tosse, tiques etc. Porém, nunca há lesões orgânicas que justifiquem os sintomas e, o que é mais importante, os sintomas representam simbolicamente a sexualidade proibida e o esforço de controlá-la. Assim, uma paralisia com contratura num braço pode significar um impulso a se masturbar, conjuntamente com a proibição de fazê-lo: um gesto interrompido.

É que o afeto ligado à representação sexual não pode ser reprimido. Reprimida a representação, o ato sexual, esse afeto extravasa-se como angústia, ou alimenta movimentos convulsivos, gestos paralisados etc. A tais manifestações somáticas, físicas, do impulso reprimido chamamos *sintomas de conversão*.

Uma paciente histérica experimentava forte repugnância pela relação sexual, incomodava-a muito, também, imaginar que estava sendo olhada pelos homens na rua. Em certo momento da vida, depois da morte do pai, apresentou um sintoma de conversão típico: uma de suas pálpebras recusava-se a abrir. Durante a análise, foi possível descobrir que o sintoma estava ligado ao sofrimento de ver o pai, homem admirado e forte, sucumbir diante de uma enfermidade muito desgastante, chorando a cada vez que via sua filha chorar. A ligação extrema e ambivalente com o pai, preservada da infância, já a impedia de desfrutar qualquer prazer sexual. Porém, ao surgir a necessidade de não chorar à sua frente, diante da iminente perda do ser amado – uma vez que a fraqueza paterna destruía a idealização –, e de não o ver chorar, a inibição culminou nesse estranho sintoma: a *ptose palpebral*, que representava uma fácies de choro contido, bem como a proibição de enxergar. Não por acaso, a remissão psicanalítica do sintoma acompanhou-se de um período de choro convulsivo.

Já a neurose obsessiva é fruto de um equívoco. Sabe quando alguém se engana a respeito do fundamental e, com a sensação de que há algo de errado, fica procurando atormentadamente acertar os pormenores? Se, na Avenida Paulista, em vez de se dirigir para os lados de Perdizes, você entrou com o carro na direção do Paraíso, é provável que estranhe cada esquina e tente resolver o enigma da ordem invertida em que aparecem os prédios conhecidos. Só que o obsessivo extremo se perguntará, talvez, quem trocou as penas da perdiz pelas dos anjinhos do paraíso...

Isso porque a dúvida obsessiva é uma dúvida simbólica. O ponto de fixação da neurose obsessiva localiza-se na segunda fase anal ou fase anal-retentiva. Porém, aí já existe o engano básico. O candidato às obsessões chegou a ter acesso à fase fálica, experimentou o complexo de Édipo; mas, não suportando a ambivalência edipiana, regrediu imediatamente para a anal-retentiva. Ou melhor, é como se tivesse vivido o conflito edipiano num registro anal, tentando reter tudo, principalmente os sentimentos, e provando a paixão libidinal como se fosse agressividade.

O mais perigoso para ele é, portanto, o amor. Este, sim, destrói. A agressividade anal que colore seus pensamentos também produz angústia, é fortemente proibida, porque no fundo se dirige contra os objetos mais preciosos, os pais. Medidas defensivas são empregadas contra a destrutividade. A mais comum chama-se *formação reativa*, mecanismo de defesa que inverte o sentido dos afetos, exagerando muito o polo oposto ao original: o ódio do obsessivo transforma-se num cuidado extremo, num medo supercauteloso de ferir alguém. Ele se examinará dez vezes antes de dizer algo, pois pode chatear o interlocutor; o que vai torná-lo, é óbvio, muito tedioso.

Sobretudo, há que se acautelar contra a perigosa descoberta do amor. Há uma forte impressão de que o amor mata, razão que o leva a ensaiar uma manobra obscurecedora. Quando uma ideia ou um acontecimento são carregados de forte valor erótico (ou agressivo), ocorre uma espécie de distração, um hiato no pensamento, que permite desligar o afeto experimentado da representação que o motivou; em seguida, um gesto ritual, em ato ou pensamento, anula o sentimento proibido. Exatamente como um homem supersticioso pretendendo isolar a urucubaca – a propósito, a própria ideia de azar é obsessiva.

Quando sinto que meu amor destrói o outro, devo substituir amor por raiva, que é menos perigosa; depois, a raiva, por cuidados para protegê-lo e a mim dos efeitos dela. Mas, como cada novo sentimento recobre um sentimento oposto, também o representa simbolicamente; resulta que em cada ideia ou emoção oculta-se, ameaçadora, a marquinha azarenta da destrutividade. Por conseguinte, enganado quanto ao fundamental, ignorando que os cuidados representam raiva e que a raiva representa um perigoso amor, o obsessivo, como aquele motorista equivocado, tem que olhar duas vezes cada ideia, repeti-la, examiná-la ao microscópio, para certificar-se de que nela não entrou, sub-repticiamente, um sinal do afeto proibido. E é uma catação infindável, porque aquilo que ele procura entre as letrinhas miúdas constitui, na realidade, o papel mesmo em que o texto inteiro foi escrito...

Daí provêm os sintomas obsessivos. Um jogo de esconde-esconde. Sob o cuidado, a agressão; sob a agressão, oculta, a sexualidade proibida. Então o paciente tem, de súbito, uma ideia horrível – matar uma criancinha, defecar na igreja etc. –, algo que mostra o gosto pela sujeira anal sob a mania de limpeza, a destrutividade sob os cuidados filantrópicos, a sexualidade (anal) sob um puritanismo desmedido. São pensamentos obsessivos: ele sente como se não fossem seus, vêm à força. É como se fosse preciso o contra-ataque com rituais protetores: nomes-do-padre, bater em madeira, pensar ou dizer três vezes uma fórmula mágica, repetir um pequenino gesto. O contra-ataque não pode ser sustado, é compulsório realizá-lo, é *compulsivo*. Deve tomar banhos demoradíssimos, se a tendência à sujeira o domina; se quer envenenar a família, há de verificar muitas vezes se o gás está fechado...

Assim é a vida obsessiva. Meticulosa, filantrópica, boazinha, repetitiva, cheia de superstições racionalizadas. No fundo de tudo, o impulso anal que deve ficar oculto, sobretudo porque é um impulso erótico. O equívoco fundamental leva-o a uma auto-observação constante que, porém, escrutinando os detalhes, não enxerga o essencial. A vida do obsessivo é o rodopiar de um cão atrás da própria cauda, que ele suspeita, não sem razão, ser uma serpente: fálica e mortal.

Um paciente obsessivo muito grave tinha de evitar que a mão direita, usada para os cuidados de limpeza anal, mas que, durante a análise, ficou claro que também estava ligada a uma masturbação compulsiva, contaminasse a esquerda, que era seu lado puro: não sexual, não anal. Para dirigir o carro, guardava nos bolsos um pacote de lenços de papel, com que embrulhava a mão esquerda antes de tocar no volante, já que a outra poderia também o ter tocado. Seus banhos duravam horas, mas não eram suficientes, pois a água que corria pelo corpo contaminava-se e sujava as partes já limpas. Este fenômeno de contaminação estava vinculado também ao contato com a mãe, quando adolescente. Atos masturbatórios cumpridos no banheiro, porém cuja fantasia começara na cama, pareciam-lhe poder destruir a mãe, caso ela tocasse seus lençóis pela manhã.

Pois bem, isso é a neurose. Ou antes, eis aqui uns pequenos esboços de dois quadros neuróticos característicos. Já chega, contudo, para compreender que neuroses são produto de conflitos sexuais, em que a satisfação fica proibida pela censura do superego, desconectando-se então a representação prazerosa do afeto correspondente, o qual é desviado para a constituição de sintomas. Isso é Freud. É uma teoria bastante tradicional e que provou ser utilíssima. E verdadeira, na maioria dos casos, como nestes que usei para ilustrar as descrições de histeria e neurose obsessiva.

Para outras doenças psíquicas, no entanto, as teorias psicanalíticas tradicionais são menos categóricas. Há uma boa teoria geral das neuroses na Psicanálise, mas um paciente pode escolher, digamos, uma perversão, uma psicopatia, uma psicose.

Perversões e psicopatias são uma forma de enlouquecer sem ficar louco: louco fica quem tem de conviver com elas. Nas perversões, o sujeito realiza de fato o impulso proibido. Trate-se de um *voyeur*, de um sádico, de um comilão compulsivo ou de qualquer outra especialidade. O indivíduo põe em ação justamente aquilo que lhe está vedado pelo superego. Nas psicopatias dá-se algo parecido. O que está comprometido, porém, é a relação com a sociedade, o respeito e as inibições impostas pela vida em comunidade.

É uma solução prática. Em vez de reprimir o impulso, executo-o, anulando a instância repressora... e danem-se os outros. Superficialmente ao menos, parece não haver angústia, os atos estão em sintonia com o ego, como se o superego estivesse ausente. Na verdade, este, o superego, é tão forte e tão exigente que toda relação com ele se torna impossível. O resultado é que os atos psicopáticos e perversos acabam procurando punição, não na vida interna, mas, na externa. São pessoas que se fazem desprezar, que roubam, mas se deixam prender etc. O problema da psicopatia, já se vê, liga-se profundamente com a vida social. Nossa sociedade é um tanto psicopática e perversa. Somos estimulados a enriquecer por quaisquer meios, somos tentados ao consumo indiscriminado, se andamos na rua ou folheamos uma revista, convidam-nos ao voyeurismo. O sadomasoquismo está vigente no seio das instituições, o operário padrão será um masoquista, a polícia, sádica. Assim, nas perversões e psicopatias aparece, em nível pessoal, o retrato quase puro de certas instigações sociais, das que o neurótico foge por seus sintomas. Esse princípio do *deixar que saia tudo*, sem se importar muito com o meio, está ligado, teoricamente, à fase anal-expulsiva – como você já deve ter suspeitado.

Um homem procura o analista, pedindo tratamento para sua adição à cocaína, que estava destruindo a família e a vida profissional. Ele diz que tem guardada uma quantidade absurda da droga, escondida em certo lugar da casa. Há problemas de dinheiro para começar a análise. Propõe então pagar seu tratamento... com cocaína. Assim se livra ao mesmo tempo do vício e da droga, e o analista a aproveita.

Há por fim as psicoses. Primeiro, a *melancolia*, que é um estado de luto permanente e exageradíssimo, e a *mania*, nome que se dá àquele quadro em que a depressão extrema é substituída por uma sensação de exaltação, de felicidade esfuziante. Ao melancólico, o superego cobre de insultos, acusando-o de ser o culpado pelas perdas de objetos, por ruína e mortes, por todo tipo de desgraças. O resultado é que o sujeito, identificado com o objeto perdido, passa a sentir-se alvo de todas aquelas desgraças, cuja responsabilidade o superego lhe atribui. Ele está arruinado, sua família morta, a sociedade o despreza. Tanta é a perseguição interna que, esgotado, pode dar uma volta de 180 graus, considerando-se vitorioso, o ego vencendo o superego. Está cheio de amigos – que importa uma perda sofrida –, nem mesmo precisa de consideração externa, ele se basta, ele é bom, é ótimo. Seu pensamento voa, ao contrário daquele do melancólico que se arrasta, as ideias mal chegam a formar-se e já são proferidas, o conteúdo é confuso e pueril, mas por que se preocupar? Ele sabe que é o melhor.

Uma paciente melancólica começa cada frase com o mesmo refrão: "Agora que minha vida já está perdida..." Qualquer ação analítica fica impugnada de antemão, pois que fazer por uma vida que já não há? Durante um dos planos econômicos que têm sacudido o país nos últimos anos, dirige-se ao analista exigindo que tome providências: "Alguém tem de fazer alguma coisa". E é ela, claro. O fato é que, apesar da indisponibilidade de seu dinheiro, como do de todos, ela se arranja, compra obras de arte em profusão, usando cheques pré-datados que as galerias de arte, à beira da falência, decidem aceitar e consegue um resultado nada mau, por falar nisso. Nem sempre o ato psicótico está despido de eficácia...

Dentre as psicoses, há um último grupo que a Psicanálise tem estudado bastante, mas pouco curado. É o das psicoses em que predominam ideias e crenças muito estranhas, que fogem à compreensão comum, chamadas *psicoses delirantes*. Há delírios nas melancolias – delírios de ruína, por exemplo –, há delírios nas psicoses epilépticas, causadas por distúrbios cerebrais mais ou menos conhecidos, alguém pode delirar por ter ingerido drogas ou por sofrer de alguma doença infecciosa. Contudo, as *esquizofrenias* e *paranoias* são as doenças que melhor se pode reconhecer a atividade delirante.

No fundo, é como se o delirante vivesse num mundo diferente do das outras pessoas, um mundo que, para os demais, está encoberto pela rotina do cotidiano, mas para ele é visível, embora talvez mal interpretado. Os homens vivem num mundo absurdo sem o saber. Bom para eles. Pois quando alguém toma contato de repente com o chão absurdo, escondido sob o tapete da realidade cotidiana, pode ficar louco. O delírio é exatamente isto: um mergulho indevido no absurdo, que tem de ser depois retraduzido em linguagem comum.

Há duas condições psicológicas para alguém chegar a ser delirante, ou para o não ser. A primeira é a possibilidade de sentir-se fortemente o mesmo, por meio de várias mudanças de identificação que a vida traz. O mesmo ator em vários papéis, digamos. Se alguém o possui, pode crer que as ideias que lhe vêm à cabeça, por mais estranhas que sejam, são obra sua. Quando voltamos de uma longa viagem, carregados de fotos esquisitas, sabemos pelo menos que todas foram feitas com a nossa câmera, não é verdade? A este importantíssimo sentido de possuir-se por dentro, de estar sempre em si, durante os trânsitos pelos campos do desejo e do real – sentido um tanto mentiroso, mas quem diz que só a verdade é útil? –, chamamos de *sentido de imanência*. Sua falta ou insuficiência é a primeira das condições para delirar, constitui um dos componentes do *limiar delirante*.

A segunda condição decisiva consiste na capacidade maior ou menor de distinguir entre reais e possíveis. É possível que haja seres inteligentes entre as estrelas; e é menos possível que já tenhamos entrado em contato com eles e muito menos ainda que meu vizinho seja um deles – por mais que pareça, pensando bem... A hierarquia dos possíveis constitui uma das aquisições mais importantes e tardias do psiquismo. Pois os homens não vivem num mundo de fatos, mas de possibilidades, já vimos isso no último capítulo. Um móvel que pretendo comprar já ocupa seu espaço em minha sala, quase o vejo, como num efeito de superposição cinematográfica; Porém, ele ainda é só um possível. Posso ganhar na loteria, mas não vou deixar de trabalhar por causa disso. A falta do sentido de hierarquia dos possíveis – a chamada *patologia dos possíveis* – é a segunda das condições do limiar delirante.

Se a distinção entre *o que é* e *o que é possível* se desfaz, posso transformar a razoável constatação de que muitas coisas não são o que parecem, na certeza delirante de que qualquer coisa pode ser: como ser eu mesmo um extraterreno, um milionário, ou estar sendo perseguido pela polícia. Só que, para que isso ocorra, é necessário também que o sentido de permanecer o mesmo, sendo o autor de meus próprios pensamentos, condição primeira, esteja também prejudicado – de outro modo, sempre haverá certa noção residual de ser alguém que *pensa* ser marciano, milionário, ou perseguido, o que invalidaria um bom delírio.

O desencadeamento de um delírio equivale a uma ruptura de campo de proporções catastróficas. A identidade não apenas se transforma, mas é projetada sobre o mundo, que passará a estar de acordo, na visão do paciente, com tal transformação. A partir desse ponto, é preciso explicar cada aspecto da realidade, para justificar o lugar da identidade delirante. Temos visto diversas formas de redução do mundo, com o fito de construir o quadro certo para determinada forma de identidade e de satisfação instintiva correspondente: chamamos de *perversão da realidade* esses estreitamentos, já discutidos no Capítulo 6. Pois bem, no delírio, a redução é muito mais drástica, sendo o melhor de quantos exemplos de perversão da realidade a psicopatologia possa proporcionar. É como se o mundo inteiro se reduzisse apenas ao quadro delirante: tudo o que interessa são os sinais de perseguição ou de endeusamento do sujeito. Por fim, como o próprio doente suspeita constantemente de sua criação, é preciso ao menos tentar convencer os outros. Como você já deve saber, todo delirante é um narrador compulsivo; explica, raciocina e justifica sem parar sua história, sem se conseguir fazer acreditar.

É que, no fundo, sua história não está propriamente errada. Ele se deparou com um estrato do real, oculto pela rotina, e interpretou-o apressadamente, de mau jeito. Todos nós somos estranhos – mas não propriamente marcianos. Todos nós alimentamos sonhos de riqueza, induzidos pela sociedade em que vivemos – mas não nos cremos milionários, por isso. Todos nós estamos constantemente sendo perseguidos pela estrutura punitiva da dominação social, mas não necessariamente procurados pela polícia. Ao apresentar aos demais uma versão risível de certa verdade profunda, o delirante não tem a menor chance, pois o que mostra é a última coisa que seu vizinho quer ver – é o lado absurdo, louco, escondido sob a rotina. E ainda o faz de forma canhestra, dando razão a que o afastem ou o internem. Vem daí que as psicoses delirantes se situem no limite entre a psicopatologia individual e social: a loucura de uma sociedade é denunciada pela loucura de um de seus membros.

8. A cura psicanalítica

Se alguém nos procura para fazer análise, pode acontecer que sofra de uma das doenças descritas no Capítulo 7. Pode ser que não, que deseje conhecer-se melhor, que tenha o projeto de libertar-se, ou até que almeje se tornar um terapeuta. É importante conhecer as diferenças das expectativas, por motivos clínicos e diagnósticos, mas o processo de cura psicanalítica será, não obstante, sensivelmente parecido num caso ou no outro.

Análise é análise, e nossa ideia de cura não é assimilável à dos critérios médicos mais comuns. Estar curado indica para nós estar apto a *curar de si mesmo* – você conhece o termo *descurar*, que significa descuidar? O antônimo *curar* quer dizer *cuidar*. São equivalentes expressões como *cuidar de si mesmo* e *curar do desejo*. Não implicam eliminar algo, mas estar numa disposição de cuidado, de tomar em consideração. Curado, o homem atinge um estado semelhante ao da fruta madura ou de um queijo bem curado, no ponto certo. Como para os queijos, os pontos variam de uma pessoa para outra, mas ainda assim é possível saber o que é estar curado: uma harmonia das potencialidades características nas pessoas, como nos queijos.

Por isso, e porque a análise começou como um tratamento de distúrbios neuróticos, o processo de cura psicanalítico pode ser descrito como o de uma história neurótica. Porém, história de neurose é a narrativa de como se formou um nó, e o de cura, a de como esse nó foi desfeito.

Seja um indivíduo mais ou menos normal, um neurótico ou certos pacientes psicóticos, sua vida compreende dois tempos. Há uma experiência cotidiana, que nos parece bastante corriqueira; mas, de repente, um olhar cruzado na rua, um encontro numa festa, um trabalho ou um sonho revelam algo assustador e estranho. Talvez seja uma paixão que nasce e morre no entrecruzar de olhares no trânsito, pode ser uma angústia intolerável ao se ver sozinho, quem sabe uma dúvida incompreensível e fulminante sobre a própria existência. Pode ser qualquer coisa, porém será sempre uma diferença, um corte, como se outra vida estivesse a ser vivida no interior do cotidiano, como se transcorresse um sonho sob a consciência comum, semeando a rua de nosso dia a dia de bocas de lobo ou entradas de metrô que comunicam os dois planos. Em geral, o paciente quer curar-se, pois tem medo dessa vida paralela e dos pontos de tangência, que lhe parecem armadilhas. O analista sabe, não obstante, que deve conduzir seu cliente à cura dela, isto é, a cuidar dela, não a erradicá-la, que tal estranheza é um começo de consciência e uma porta entreaberta que pede exploração. Mas, mesmo assim, aceita-o para tratamento.

É tal qual um calendário. Nossa vida é feita de dias pretos, sempre iguais, de trabalho, algum prazer, um pouco de esperança; se somos neuróticos, haverá trabalho, um pouco menos de prazer e certo desespero à noite, por exemplo. Nada que chame a atenção. Todavia, no meio dos dias em preto, na sequência dos atos costumeiros, destacam-se os dias em vermelho, as festas religiosas e cívicas. Correspondem a celebrações bastante convencionais. A história celebrada nos feriados nacionais nada tem a ver com a verdadeira história do país; ou, por outra, tem: é sua perfeita contrafação! Há um sentido convencional que se ensina às crianças na escola, onde sempre o herói é aquele que está do nosso lado, nossa é a causa justa. Os portugueses, nessa história, sempre enfrentam bravamente os holandeses e covardemente massacram os heróis da Independência – eles são "nós", no primeiro caso, e "os outros", no segundo.

Assim como os dias em vermelho celebram a história convencional da pátria, que oculta sua história real, os acontecimentos perturbadores, os sintomas no meio do cotidiano, celebram a história convencional da neurose.

E como é ela? Quando Freud começou a estudar as neuroses, atribuiu-as a um trauma sexual, baseado nas histórias que suas pacientes lhe contavam. Esse trauma seria uma sedução, praticada por pessoa adulta com a criança que haveria de se tornar neurótica. Depois se convenceu de que, na maioria dos casos, as histórias contadas correspondiam a fantasias de sedução. Hoje pensamos que tanto as fantasias como os traumas existem; mas não necessariamente abusos sexuais ou estupros, os traumas são pequenos, repetidos, insistentes, mantendo entre si uma relação de homologia, de semelhança formal, como já foi mostrado em capítulos anteriores. São estruturas de relacionamento, mais que fatos isolados, as responsáveis pela construção de uma forma paralisada e repetitiva do desejo. Mas, a fantasia transforma-as em violência ou catástrofe. Como na história convencional de um país, a convenção neurótica cria uma história trágica e pomposa, que o tempo da neurose celebra por meio dos sintomas.

Vindo à análise, o cliente procura um lugar onde seja escutada sua história. E o encontra. O princípio técnico fundamental da psicanálise, formulado por Freud como *atenção flutuante*, poderia ser decomposto em dois movimentos entrelaçados: *deixar que surja* e *tomar em consideração*. Deixar que surja significa a disposição passiva a nada selecionar ou evitar, a não impor sentidos, muito menos sentidos teóricos, também convencionais. Tomar em consideração é seu complemento natural; algo de relevante tendo surgido, de forma espontânea ou facilitada pelas pequenas intervenções interpretativas, o analista nega-se ativamente a permitir que submerja na corrente do pensamento comum. A história do paciente é escutada, portanto, com uma atenção de tipo completamente diversa daquela a que está habituado. Acreditamos que nos esteja comunicando, por meio do relato dos sintomas, uma verdade que ele mesmo não conhece inteiramente. Consequentemente, quando tomamos em consideração algum elemento de sua história, nem cremos no sentido convencional que lhe atribui nem muito menos aceitamos a diferença entre tempo da neurose e vida comum. Muito pelo contrário, consideramos que sua vida comum é produto da história neurótica e que os sintomas são apenas formas de tentar reduzir a área de conflito a um número limitado de manifestações. Vivendo com o paciente suas celebrações da história da neurose, transformamos a celebração, convencional e solitária, em *comemoração*, uma experiência partilhada que consiste em questionar o campo que isola a neurose do resto da vida cotidiana, procurando rompê-lo. Numa palavra, na análise, a neurose encontra o campo em que se pode manifestar plenamente, ou seja, o *campo transferencial*.

Materialmente falando, analisando e analista convivem num mesmo consultório; do ponto de vista do método psicanalítico, todavia, eles habitam o campo transferencial. Este é um lugar de estranhas propriedades. Antes de tudo, como ele é criado pelo processo interpretativo de ruptura de campo, nada daquilo que aí se passa tem sentido fixo. Claro, no campo particular proposto pelo paciente o sentido é mais que fixo, está congelado, atado num nó do desejo. Porém, ao ser tomado em consideração psicanalítica, as mesmas contradições do sentido convencional acabam por o fazer romper-se, deixando à vista precisamente as representações censuradas, proscritas pelo campo, que então circulam soltas no momento do vórtice. Por outro lado, o fato de o analista participar do jogo de ficção neurótica, aceitando ocupar várias posições imaginárias, permite que o paciente se experimente em papéis muito diferentes.

Veja você. Se uma pessoa usa sempre a mesma roupa, pode acreditar que seu corpo tem a forma da veste que usa. Com o corpo físico, isso talvez não aconteça, pois alguma hora nos despimos, ainda que só para o proverbial banho do sábado... Mas o corpo do desejo é impalpável, nunca se mostra diretamente. As representações são sua veste e nunca nos apreendemos sem representações. Que fazer? É simples, trocar de roupa! Se o paciente pode ver-se nas diversas posições que sua fantasia propõe, se pode, além de ser a vítima de uma tortura imaginária, ser também o algoz e um espectador compadecido, as próprias diferenças entre as representações acabam por delinear a forma daquilo que recobrem: o desejo. A isso chamamos de *desenhar o desejo*, do ponto de vista clínico. Seu efeito terapêutico é o de tornar dispensável a eterna repetição da mesma representação, a celebração da fantasia neurótica, pois agora diferentes versões da própria história podem ser reconhecidas. E já não é necessário interromper a vida cotidiana para celebrar a história da neurose, pois ambos os tempos começam paulatinamente a se fundir. O lastro emocional que possibilita tal abertura é garantido pela comemoração, ou seja, pelo fato de o analista aceitar uma provisória participação na história posta em cena pelo analisando, tornando-se alvo de transferências, de reencarnações das figuras fundamentais de sua vida de fantasia.

Naturalmente, como é fácil compreender, o processo é longo e penoso. Os diversos campos da psique contêm repertórios de memória, de emoções e de representações discrepantes, bem como diferem grandemente os eus determinados por cada um. Quando o analista aceita entrar no jogo ficcional de um desses campos, é forçoso que saiba comunicar-se adequadamente com seu sujeito. De nada vale, depois de haver tomado em consideração certo aspecto infantil do paciente, dar-lhe uma explicação daquilo que descobriu. De pronto, o sujeito racional, chamado de volta, pode concordar racionalmente com o que escutou; porém, o efeito pretendido não se deu: embora a explicação pudesse ser correta, foi enviada ao endereço errado. As intervenções realmente eficazes, ao contrário, não devem ser explicadas; são pedaços de frases, toques emocionais, repetições de uma palavra ou de uma imagem que parecem importantes, silêncios bem colocados etc. O analista que está participando de uma ficção neurótica não a pode interromper para fazer uma digressão intelectual. Deve empenhar-se em operar interpretativamente de dentro da história, como a personagem de um romance que produz, por seu comportamento, o redirecionamento do enredo. Interromper a narrativa, para dizer que ela é parcial ou falsa, destrói a eficácia da personagem, das peripécias e da narrativa mesma.

Assim, por entrar na ficção, o analista será escutado e poderá criar tensões dentro do campo ativo, que o levarão a romper-se. Apenas depois, quando a ruptura de campo já liberou as representações excluídas, é possível aproveitar os resultados do vórtice para oferecer ao cliente um retrato mais amplo do que sucedeu. Deixe-me dar um exemplo. A paciente histérica que não podia abrir os olhos, de que lhe falei no Capítulo 7, atacava-me sem parar. Eram só críticas à minha incapacidade analítica, à minha falta de compreensão e de inteligência, à minha fraqueza, enfim. Num certo momento, procurei mostrar-lhe como as críticas escondiam uma afeição insuportável. O resultado foi xingar-me, só que agora p'ra valer! Era uma pessoa muito bem educada e fina, mas a linguagem empregada pertencia a outro campo que o da mulher de sociedade, já era produto de um vórtice, em que o excluído voltava com violência. Quando voltei a mostrar-lhe o sentido amoroso e erótico contido em seus xingamentos, prorrompeu no choro convulsivo a que antes já me referi. Foi possível então, mas só então, juntar as coisas, fazendo-a compreender que o que havia entre nós sucedido reproduzia, nada mais, nada menos, o que ficara oculto, engasgado, na relação com o pai doente: ela o amava, mas odiava sua fraqueza, e por meio do analista havia podido experimentar toda a raiva que a situação original lhe proibira perceber.

Esta é a fonte de uma das maiores confusões dentro da análise. Este tipo de explicação *a posteriori* costuma ser chamada de *interpretação*. É habitual, mas equivocado. Interpretação, no sentido forte, foi o conjunto de toques emocionais anteriores, como o de apontar nas críticas a afeição e mesmo o amor nos xingamentos. A explicação final, dada depois que a interpretação já funcionara, produzindo ruptura de campo e vórtice, é uma espécie de complemento dirigido à consciência adulta; a ela, damos o nome de *sentença interpretativa* – para deixar bem clara a diferença entre o que produz efeito, a interpretação, e o que explica o efeito produzido, a sentença interpretativa. Se não se faz a diferença, acaba-se por acreditar que explicações teóricas podem curar, o que seria fantástico, se verdadeiro. Só que não o é.

Visto por este ângulo o processo de cura analítica, creio que você pode compreender melhor agora o motivo de lhe haver advertido, no início deste pequeno livro, de que, para se tornar analista, é preciso que descubra que é também um ser humano, que carrega seu próprio absurdo, curar do desejo que o habita. Para participar do romance alheio, não basta uma coleção de interpretações pré-fabricadas. É preciso pôr em jogo sua própria alma.

9. A psique do real

À guisa de epílogo deste nosso passeiozinho pela Psicanálise, voltemos à frase inicial do Capítulo 1: os homens são pessoas muito estranhas e absurdas. O que vimos até aqui talvez tenha sido suficiente para convencê-lo disso. Caso contrário, pense em como organizam seu mundo e compare com as explicações que encontram para tal organização.

Quando os sociólogos e os economistas procuram nos fazer entender a confusão em que vivemos, baseada em guerras de tiros e guerras comerciais, em exploração, dominação, especulação e na produção enlouquecida de bens perfeitamente inúteis, responsabilizam os interesses discordantes dos grupos sociais pelo atual estado de coisas. E têm razão. Os interesses dos grupos, das classes e das nações estão mesmo em conflito permanente. Acontece, porém, que quase toda explicação sociológica inclui uma passagem pela psicologia – e esta geralmente não se menciona, sequer é percebida. Neste caso, por exemplo, existe a suposição de que, se os grupos humanos lutam por interesses, então cada um deles defende o seu.

Essa já é uma afirmação psicológica. Se um homem, um grupo, uma classe ou país têm interesses, é óbvio que os defendam; como é óbvio, para qualquer pessoa que olhe para cima, o fato de que o Sol gira em torno da Terra. Ou seja, é óbvio, mas é falso. A afirmação correta seria: se alguém tem interesses, luta por eles, contra eles ou por algo diferente, de acordo com a orientação de seu desejo. O que se aplica a pessoas, grupos ou à humanidade em geral.

Se você se interessa pela Sociologia, portanto, aconselho-o a buscar descobrir quantas dessas afirmações psicológicas simplistas ocultam-se nos raciocínios mais bem construídos: creio que ficará atônito. (Na verdade, há também inúmeras afirmações sociológicas pueris ocultas nas teorias psicológicas, mas este é outro problema.) Os sociólogos frequentemente pensam que não estão a usar psicologia; porém, cada vez que ligam um comportamento a uma causa qualquer, usam-na sem perceber, e o resultado é que a usam mal. Valem-se da psicologia motivacional do senso comum.

A Psicanálise não pode e não deve fazer sociologia, mas é capaz de mostrar algumas coisas que interessam aos estudiosos da sociedade. O objeto do estudo psicanalítico chama-se psique. Como vimos, a psique não é uma coisa que existe na cabeça do indivíduo nem na cabeça coletiva. Ela simplesmente não tem lugar material nem é uma coisa. Psique é o que produz sentido nas coisas humanas. Um automóvel é fabricado numa linha de montagem, seu sentido é fabricado pela psique; a inflação, a guerra ou o nacionalismo são produzidos inteiramente por causas concretas, seu sentido é psíquico. Isso não o deve surpreender. O real humano, o lugar onde se produzem o homem individual, o homem coletivo, a sociedade e a cultura inteira, pode ser estudado de muitas maneiras. Uma dessas formas de investigação é a Psicanálise: para ela, o real envolve uma dimensão psíquica, uma psique extensa. Quando ela aparece por meio de um sujeito – seja este uma pessoa, uma instituição ou uma obra –, é que lhe chamamos *desejo*. O desejo, com que o analista trabalha dia a dia em seu consultório, nada mais é que uma fração diferenciada do real, da psique do real: é a porção do real sequestrada no sujeito.

Real e desejo não se dão a conhecer diretamente. Só suas representações, a realidade e a identidade, é que se mostram. Neste livro, examinamos diversas condições da identidade normal e patológica. Mas pouco temos visto acerca da realidade e do real que ela representa e encobre, ao mesmo tempo. Freud escreveu bastante sobre o real da sociedade e da cultura. Não obstante esse bom começo, depois de Freud a Psicanálise passou a se dedicar quase apenas ao psiquismo individual e a seu tratamento psicanalítico, reduzindo-se a uma teoria da terapia analítica. É natural, pois os analistas vivem no consultório e do consultório.

Analisar a psique do real não é um passatempo para os momentos de ócio do analista, entretanto. É absolutamente vital para o futuro da humanidade, principalmente porque a psique é, em essência, inconsciente. Acontece que só aos poucos começamos a tatear essa área obscura e complicada do universo humano. Claro que não só a Psicanálise o faz. A Antropologia e a Filosofia, dentre muitas outras formas de conhecimento, também se interessam pelas raízes do sentido das coisas humanas. A Psicanálise tem seu quinhão, que pode ser grande, pois a psique do real é muito estranha, exatamente como os homens. É da psique do real que procede o desejo, a raiz da estranheza dos homens.

O motivo principal de se saber tão pouco a respeito da psique é que ela não pode ser compreendida. Nossa compreensão alcança justificar relações entre os vários comportamentos dos homens e sociedades; mas, aos campos que determinam tais relações, aos campos da psique do real, só se chega pela interpretação. A interpretação psicanalítica opera por meio da ruptura de campo, que faz surgir os sentidos psíquicos, para tomá-los em consideração. Só depois é que a explicação tem lugar, lembre-se.

Nós todos vivemos nesse reino de representações que conhecemos como *realidade*. A realidade é produto de uma espécie de acordo entre os homens, que necessitam de algo comum para poder falar, entender-se, agir em conjunto. Falando e agindo, acabam por criar a realidade, o conjunto das representações do mundo. Realidade é representação. Isso não impugna a existência de objetos materiais: a materialidade dos carros está aí, atropela-nos. Haver uma psique do real, produtora de realidade, significa por acaso que eles, os carros, têm a intenção de o fazer? Não, já que intenção é um processo consciente: ao que se sabe, carros não têm consciência – nem às vezes seus motoristas, diga-se de passagem. Do ponto de vista da lógica de concepção do real, entretanto, carros são seres feitos, entre outras finalidades, para atropelar. Não fora assim, seria impensável a coabitação nas ruas de carros e pessoas – que passam a ser chamadas de *pedestres*. As ruas seriam talvez esteiras rolantes, ou, ainda melhor, andaríamos a pé até o trabalho, que nunca distaria mais que algumas centenas de metros. Quer dizer, a realidade *carro* é uma representação de certas regras da psique do real, que contemplam com benevolência o atropelamento, desde que a serviço do aumento da produção e do consumo. Este é um campo do real.

Há uma infinidade de campos do real. São conjuntos de regras muito estranhas, como as dos sonhos, ou as da psicopatologia. Prova disso é que a maioria das ideias malucas que nos ocorrem não é de invenção pessoal. Elas são partilhadas com parcelas respeitáveis da população e vêm por modas. Preconceitos e superstições são fenômenos sociais: a superstição de que o mercado é regido por uma racionalidade intrínseca ou a de que bebendo água oxigenada de manhãzinha a gente evita o câncer, chegam e se vão como modas – durante certo tempo, todo mundo acredita nelas e, nem por isso, é levado a um hospital psiquiátrico. Fica no manicômio redondo, com o resto da humanidade. O real é uma espécie de chão do qual crescemos, como as plantas crescem do solo fértil. Vivemos nele, mas sem o enxergar. Há, por sorte, uma outra série de regras de bom-tom – chama-se *rotina*, como você sabe –, encarregadas de organizar a aparência que pode ser contemplada sem ofender os olhos. Essa redução é muito útil para o convívio humano. Quando alguém começa a desconfiar da existência dessas regras pode enlouquecer, como nos demos conta ao discutir os delírios.

A imensa empreitada de transformar a natureza num real humano trouxe-nos grandes benefícios, inquestionavelmente. Duplicou-se a vida média de um homem e vivemos mais confortavelmente. Criamos civilização e cultura. Porém, estamos tendo de nos haver com as contradições da lógica de concepção do real e o melhor que conseguimos fazer foi estender o largo tapete da rotina por cima delas. Filha da rotina, a realidade costumeira tapa a visão absurda das regras constituintes, mas sempre reflete um pouco delas.

Ora, a Psicanálise nasceu desse requisito da cultura humana, que desejava ver reduzida, às regras da razão, uma ponta de absurdo que sobrava na realidade, encarnada pela loucura. No afã de cumprir tal ordem, a Psicanálise ultrapassou seu mandato, literalmente saiu melhor que a encomenda. Começou por mostrar, por exemplo, que os psicóticos retiram seu interesse da realidade e, por causa disso, reinventam o mundo de acordo com seu desejo – ponto para a Psicanálise, por bom desempenho da função prevista. Porém, logo depois, teve de admitir que o desejo, segundo o qual reconstroem seu mundo delirante, é uma extensão da psique do real. Sendo assim, a interpretação que os psicóticos dão da realidade contém certa verdade essencial: quando um delirante afirma que os carros o querem atropelar, está emitindo um juízo penetrante sobre a constituição do real – só se engana ao pensar que é a ele exclusivamente que os carros querem atropelar e nas razões que apresenta para tanto. Quando a Psicanálise nos mostra isso, sofre uma espécie de internação: os indivíduos psicóticos são internados em sanatórios; a loucura humana, no mundo; a Psicanálise, nos consultórios dos analistas. Sua função de crítica à constituição da sociedade esvazia-se e desaparece a psicanálise do cotidiano: a Psicanálise é reduzida à psicanálise.

Ela hoje tem duas possibilidades. Pode arrepiar caminho e conformar-se em ser apenas um tratamento psicológico, talvez o melhor de todos, mas sempre encerrada nos consultórios; decisão prudente e sensata que a levará a desaparecer, diluída entre as psicoterapias, ao longo do próximo século. Ou pode avançar insensatamente em direção a seu destino, ao horizonte de sua vocação, convertendo-se numa ciência geral da psique. Se escolher seguir o segundo caminho, deverá armar-se melhor metodologicamente, generalizar suas teorias e enfrentar o problema posto pela psique do real – se o inconsciente é o conceito central da Psicanálise, a psique do real é seu conceito central ausente. No caso de o quererem tomar em consideração, os analistas terão de abrir espaço em suas vidas para tratar daquilo que está além dos limites do consultório e investigar, por meio de seu método, os campos do real. Será inevitável ampliar consideravelmente a noção clássica de inconsciente e recuperar o valor fundamental do método psicanalítico, que se tem reduzido a uma técnica psicoterápica, antes de mais nada. Inspirados na psicanálise, no trabalho clínico e nas teorias que se derivam dele, será preciso que venham a desenvolver a Psicanálise, a ciência geral da psique que já hoje anuncia uma forma radicalmente nova de o homem encarar a si e a seu mundo. É evidente que a opção é arriscada e seu resultado incerto, porque deve provocar uma reação contrária, semelhante àquela sofrida originalmente por Freud – de fora e de dentro do movimento psicanalítico, aliás.

Interessado em participar dessa aventura?